¡Hola!

¡Me llamo Angela!

Soy una artista especializada en dibujar monadas. ¡Puedes contar conmigo para cualquier cosa pequeña, suave o que tenga cara! Hasta donde alcanza mi memoria, siempre tuve el deseo de dibujar cosas adorables y hermosas. ¡Si veo una pizarra en blanco, no puedo evitar dibujar algo, cualquier cosa! Si es un bloc abierto, ¡no pierdo la oportunidad de colar una adorable nota para su propietario!

Una de las razones por las que me gusta dibujar es el misterioso fenómeno por el cual las ilustraciones monas siempre hacen a la gente feliz. Incluso si se reduce a un pequeño garabato en una servilleta de papel, siempre le alegran el día a alguien. Tampoco podemos evitarlo: ¡estamos completamente rodeados de cosas monas! Las encontramos en los animales (como los perros) o en sitios como nuestra propia casa. Las encontramos en las actividades de las que disfrutamos y en las personas que amamos.

En este libro, he dibujado una colección de gente, animales y objetos, todos ellos tiernos y bellos, que conforman una parte importante de mi vida. Tanto si te inicias en el dibujo como si eres el mejor artista de tu grupo de amigos, ¿por qué no me acompañas y aprendes también a dibujar monadas?

Angela Nguyen

KAWAII

EL ARTE JAPONÉS PARA DIBUJAR COSAS MONAS

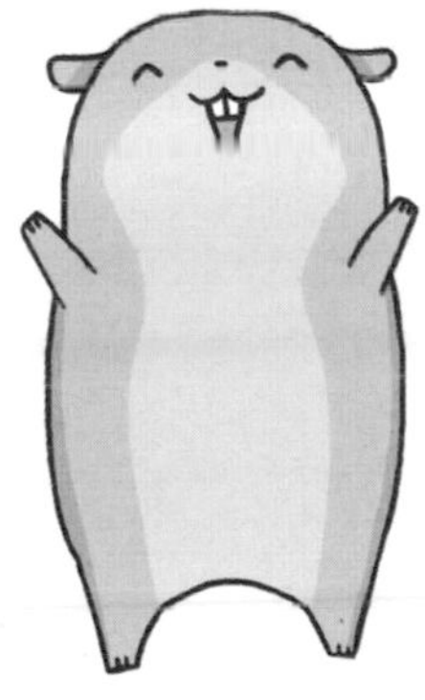

KAWAII
EL ARTE JAPONÉS
PARA DIBUJAR COSAS MONAS

Angela Nguyen

MAGAZZINI
SALANI

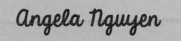

CONTENIDO

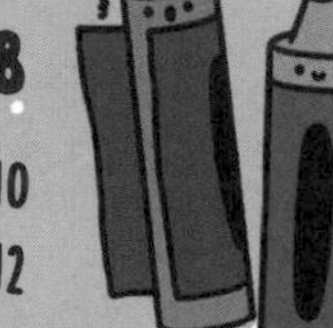

ISBN 978-88-9367-293-1

Primera edición: febrero de 2018
Quinta reedición: febrero de 2021

Impreso en China

CAPÍTULO 3

CRIATURAS MONAS 48

CAPÍTULO 4

COSAS MONAS 98

EL MUNDO
DE ANGELA

Capítulo uno

PRIMEROS PASOS

No se necesita ningún material o herramienta especiales para empezar a dibujar cosas monas. Experimenta con diferentes lápices, bolígrafos y superficies y aprende a dar un aspecto adorable a tus dibujos.

HERRAMIENTAS Y SUPERFICIES

Mis herramientas habituales incluyen un rotulador negro, mi cuaderno de dibujo, mi ordenador portátil y mi tablet.

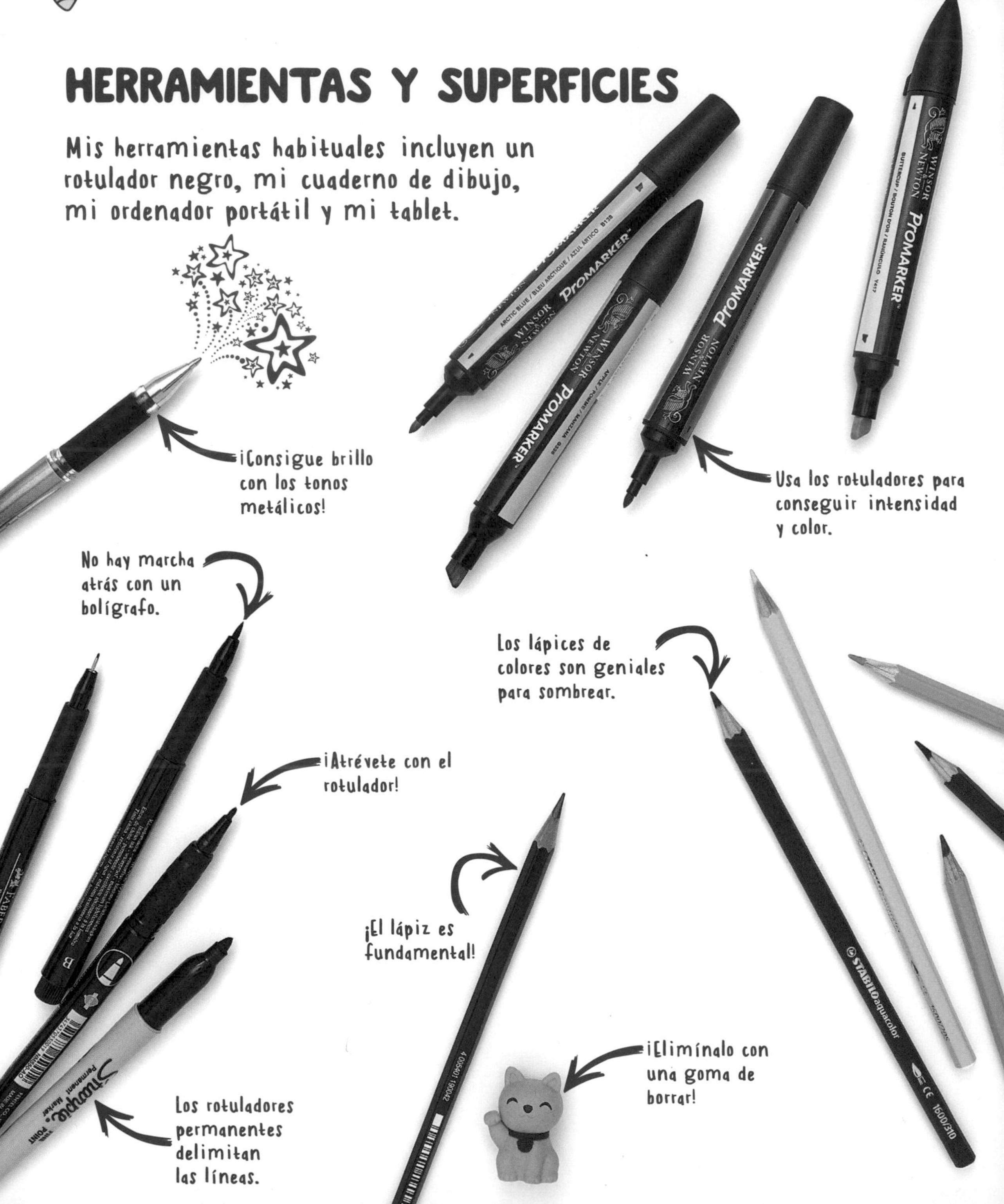
¡Consigue brillo con los tonos metálicos!
Usa los rotuladores para conseguir intensidad y color.
No hay marcha atrás con un bolígrafo.
Los lápices de colores son geniales para sombrear.
¡Atrévete con el rotulador!
¡El lápiz es fundamental!
¡Elimínalo con una goma de borrar!
Los rotuladores permanentes delimitan las líneas.

¡Todo puede convertirse en una superficie para dibujar! Mira esta hoja por ejemplo.

Usa un cuaderno de dibujo para guardar todas tus creaciones. ¿No tienes cuaderno de dibujo? Una simple libreta servirá.

Las notas adhesivas son ideales para dibujar. ¡Puedes pegarlas en todas partes!

TÉCNICAS ADORABLES

Cualquiera puede dibujar monadas con estas sencillas pautas.

1 Empecemos por trazar algunas formas básicas: un círculo, un triángulo y un cuadrado. No hay nada adorable en ellas, simplemente son un puñado de formas.

2 Ahora prueba a dibujar las mismas tres formas redondeando las esquinas. ¿Cuáles te parecen más monas, las formas afiladas o las redondeadas?

3 Dibuja una cara en tus formas redondeadas. ¡Ahora sí que esas formas elementales se han transformado en adorables de verdad! Todo lo que necesitas para conseguirlo es redondear y poner caras.

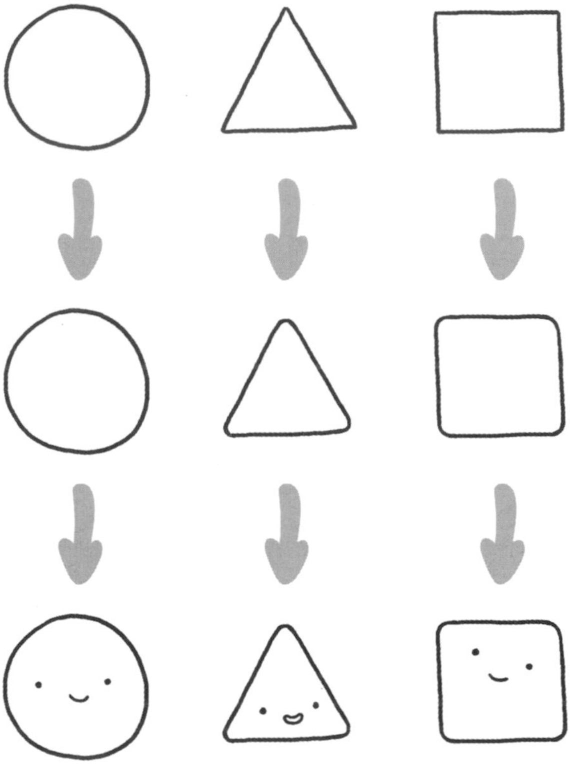

OJOS

Unos ojos tiernos y hermosos pueden lograrse con un simple punto o una línea. Puedes garabatear en su interior para conseguir un efecto vistoso.

NARIZ Y BOCA

Para que la creación sea más mono, dibuja una nariz pequeña. Añade también una boca redonda ¡y quizás una lengua divertida!

COLORES

Los colores pastel son siempre adorables. Intenta utilizar tonalidades claras para que todo resulte extra mono.

SOMBREADO

Puedes dar volumen a tus dibujos con el sombreado. Ten en cuenta de dónde procede la luz. Las zonas cercanas a la fuente de luz son pálidas, mientras que las que se encuentran más lejos deben pintarse más oscuras.

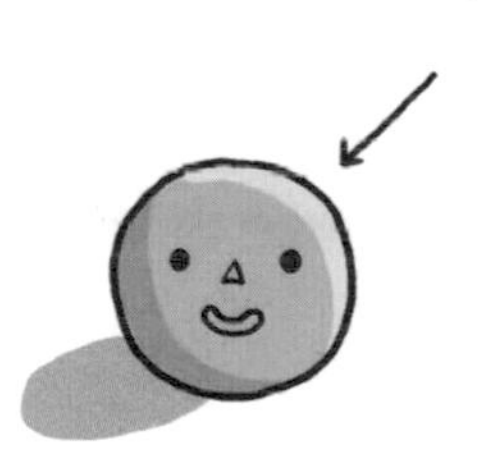

EFECTOS

Los destellos, las flores, los corazones y el colorete siempre hacen que tus dibujos sean más bonitos.

CÓMO HACER QUE TODO SEA MONO

Las cuatro reglas básicas que debes recordar para dibujar monadas son: **1** Simplificar, **2** utilizar colores claros, **3** redondear, y **4** las caras.

1 Simplifica y usa menos detalles.

De esta manera, el centro de atención del dibujo será el hecho de ser mono. Para dibujar monadas, céntrate en las formas simples y olvida los detalles.

2 Los colores claros se complementan a la perfección con los dibujos sencillos.

Yo prefiero usar tonos pastel antes que tonos brillantes o intensos.

3 Redondear ayuda a suavizar los dibujos.

Redondea tu dibujo y elimina las formas afiladas para hacerlo más bonito. Hay algo en esa mirada pequeña y regordeta...

Usa formas redondeadas en vez de ángulos afilados.

4 ¡El toque final es añadir una cara adorable!

Si dibujas una cara, transformarás cualquier cosa que quieras en una monada.

Mira qué carita tiene mi teclado. Nos encanta improvisar.

LOS ACCESORIOS PERSONALIZAN

Los accesorios confieren más personalidad a tus dibujos. No solo la gente puede llevar ropa o joyería; también puedes dibujar accesorios para tus animales.

1 Esto es un simple perro, pero puedes transformarlo añadiéndole un par de detalles.

2 ¡Dibújale una mochila y se convierte en un perro aventurero!

3 Y si además le añades destellos, ¡definitivamente se convierte en un perro fabuloso!

MOVIMIENTO

El hecho de añadir algunas líneas ayuda a que tu dibujo adquiera movimiento.

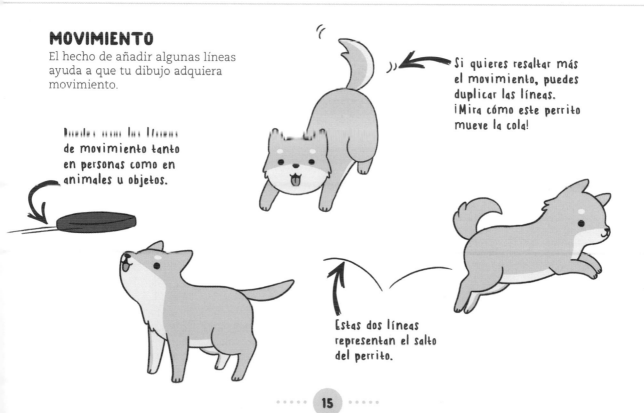

Si quieres resaltar más el movimiento, puedes duplicar las líneas. ¡Mira cómo este perrito mueve la cola!

[illegible] de movimiento tanto en personas como en animales u objetos.

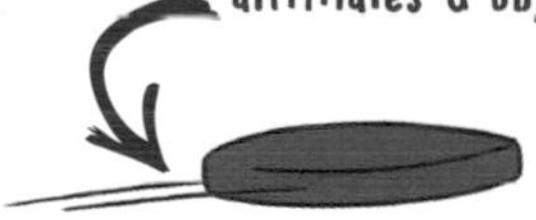

Estas dos líneas representan el salto del perrito.

Capítulo dos

GENTE MONA

Dibujar a gente mona requiere que esta presente rasgos distintivos y que esté decorada con accesorios. ¡En este capítulo te voy a mostrar cómo dar vida a todo tipo de personajes!

LA PROPORCIÓN

Dos círculos y medio conforman una figura básica.

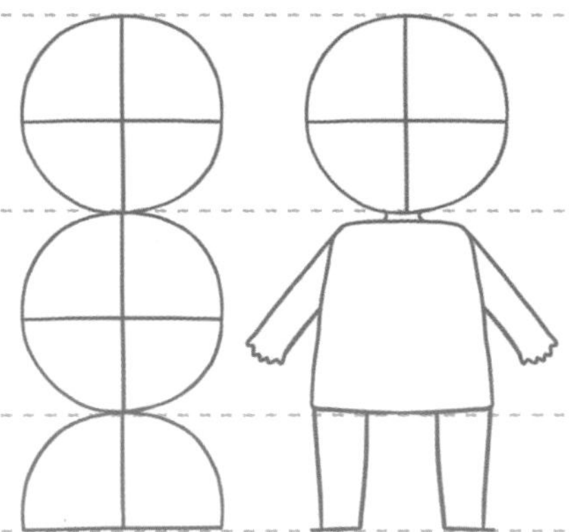

LA PERSPECTIVA

Me gusta usar líneas verticales y horizontales para ayudarme a dibujar a la gente desde diferentes ángulos. En la línea horizontal se ubican los ojos y la nariz. La línea vertical es el centro de la cara de la persona.

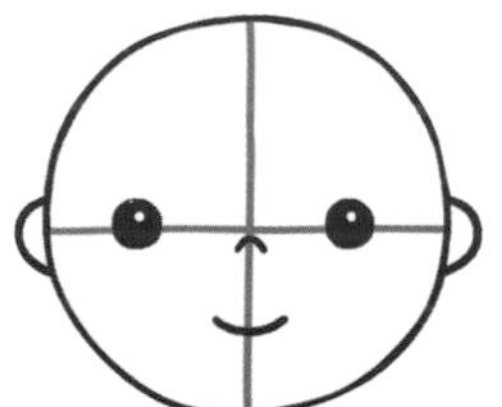

Si dibujas la línea horizontal más alta, tu personaje estará mirando hacia arriba.

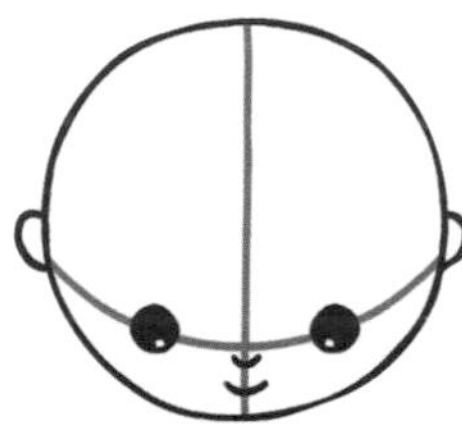

Desplaza la línea horizontal hacia abajo y tu personaje mirará hacia abajo.

PEINADOS

Puedes utilizar muchos estilos de peinados en tus personajes. Además, el peinado también puede hacer que tu personaje parezca más un chico o una chica.

¡Ponle algo de ropa y ¡ya tienes una persona!

Para hacer que tu personaje sea más femenino, puedes añadirle pestañas.

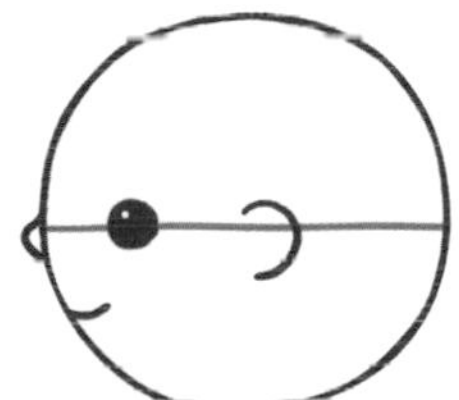

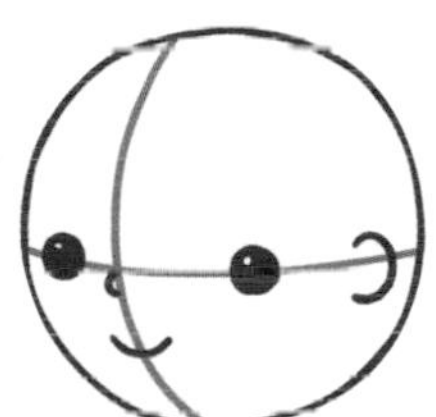

Si desplazas la línea vertical hacia la izquierda, tu personaje mirará hacia la izquierda.

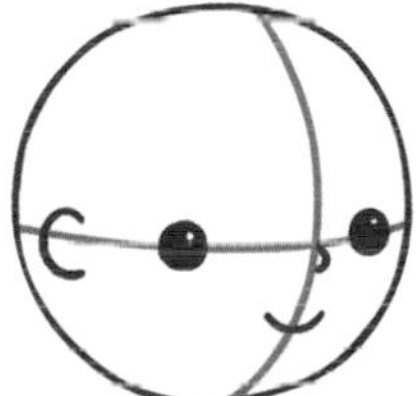

Desliza la línea vertical hacia la derecha y tu personaje mirará hacia la derecha.

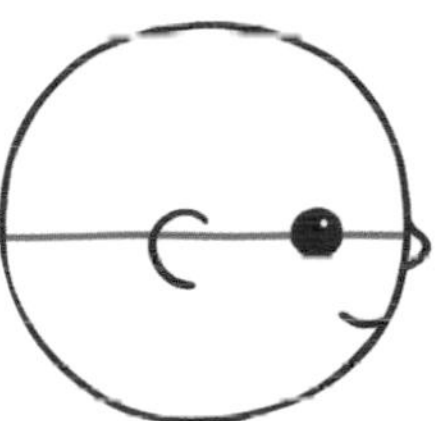

POSTURAS

¡Prueba a dibujar estas posturas!

Recuerda:
la proporción de una persona es de dos círculos y medio.

Añade unas líneas para ilustrar un movimiento rápido de la pierna. ¡Menuda patada!

¡Voy a la pata coja!

Sube la línea horizontal de la cara de tu personaje para que mire hacia arriba.

Cambiar el ángulo de los pies puede ayudar con todo el gesto. Intenta hacer que camine de puntillas.

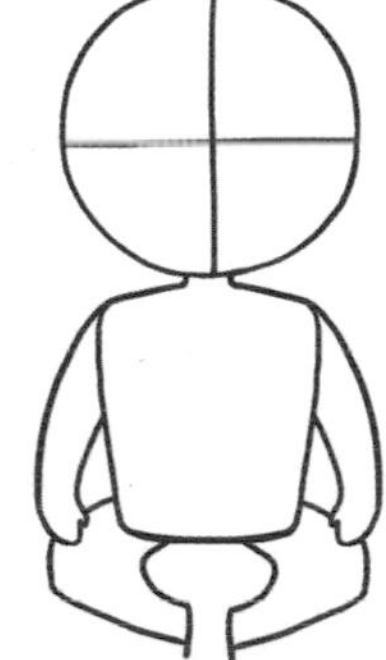

EXPRESIONES

¿De qué humor está tu personaje?

NEUTRO

FELIZ

Yo los llamo "ojos sonrientes".

MOLESTO

PERPLEJO

PREOCUPADO

Dibuja líneas a los lados de la cara para añadir más detalle.

INDIGNADO

EXCITADO

Los destellos son uno de mis símbolos favoritos.

TRISTE

Las cejas pueden ayudar a resaltar la expresión.

ENFADADO

¡Las cejas son muy expresivas!

ATERRADO

Añade escalofríos alrededor de la cara para que sea espeluznante.

SACIADO

ENFERMO

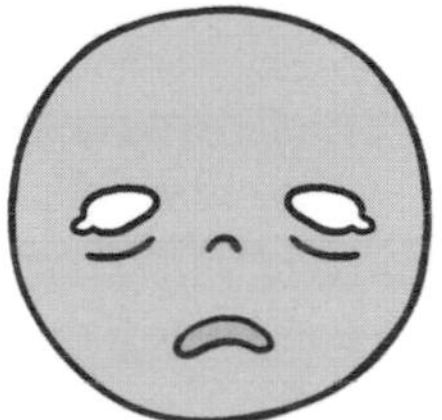

Dibuja ojeras para exagerar los ojos.

AVERGONZADO

Añade un poco de colorete.

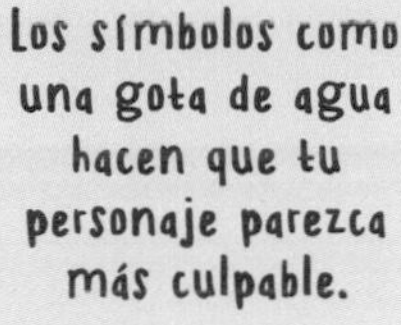

Los símbolos como una gota de agua hacen que tu personaje parezca más culpable.

CULPABLE

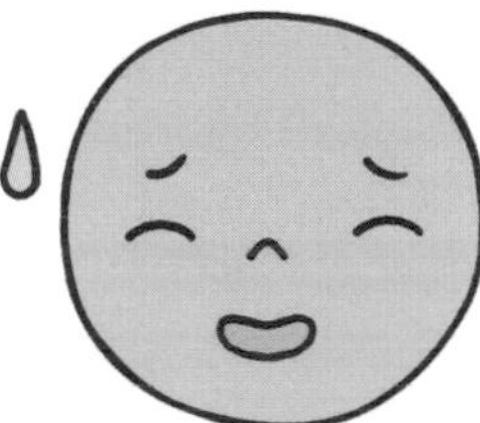

ENAMORADO

Siempre puedes cambiar la forma de los ojos de tu personaje.

SOCARRÓN

EN SHOCK

Las líneas dentadas y la boca abierta son la clave de esta expresión.

LLORANDO

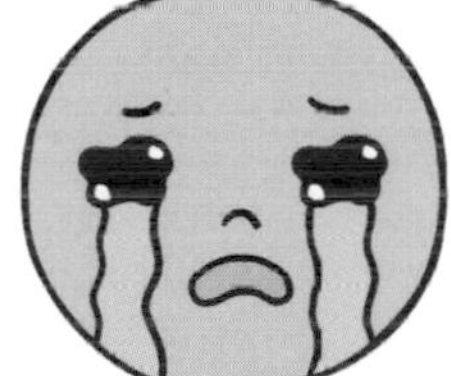

Ojos llorosos y una cascada de lágrimas.

CANSADO

Una nube que sale de la boca representa un gran suspiro.

DORMIDO

ROPA: PARTES DE ARRIBA

Ahora que ya conoces las pautas básicas para dibujar tus personajes, puedes vestirlos de mil maneras.

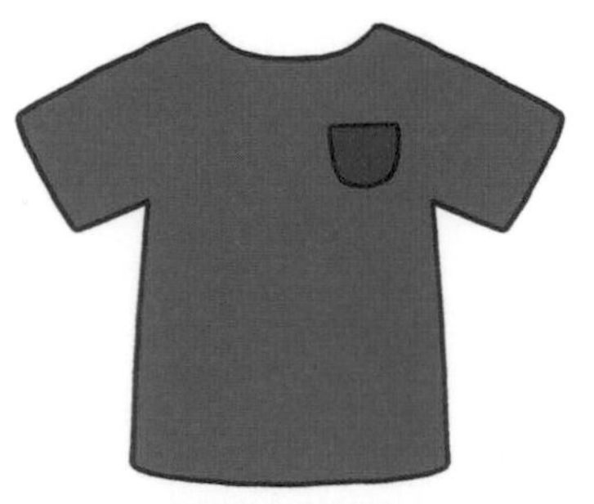

La camiseta es la opción más sencilla. Dibuja un bolsillo para mejorarla.

Es fácil dibujar una camiseta de tirantes: ¡tan solo tienes que eliminar las mangas!

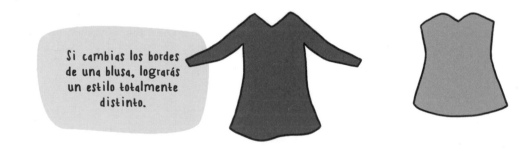

Si cambias los bordes de una blusa, lograrás un estilo totalmente distinto.

Un cinturón puede ser un bonito detalle para un vestido.

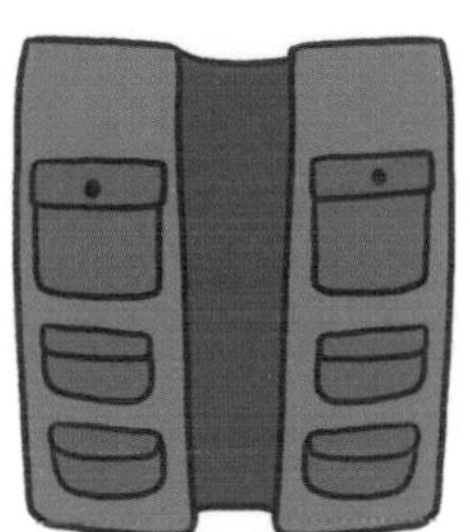

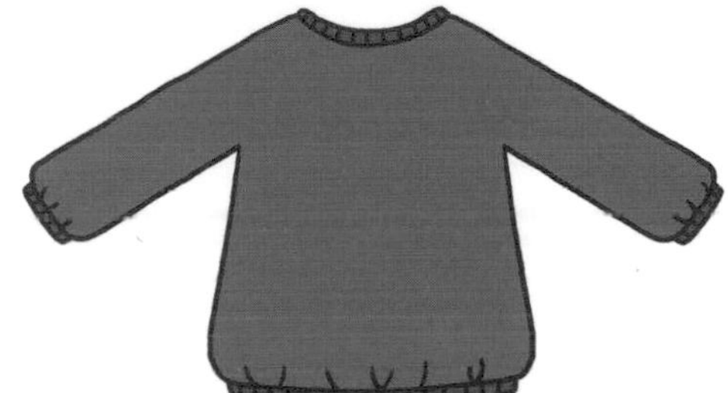

Abriga a tu personaje con un suéter de manga larga.

Si dibujas una camiseta y le cortas las mangas, obtienes una camiseta sin mangas.

Combina y añade capas para crear conjuntos.

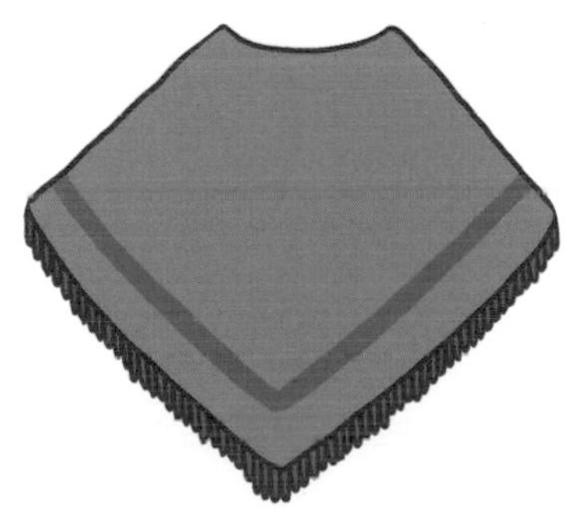

Si cambias el cuello de la camiseta, puedes obtener varios modelos, como esta de cuello de pico.

Puedes incluso dibujar un adorable gatito.

ROPA: PARTES DE ABAJO

Hay muchas formas de vestir a tus personajes por la parte inferior. Aquí tienes unas cuantas para que te hagas una idea.

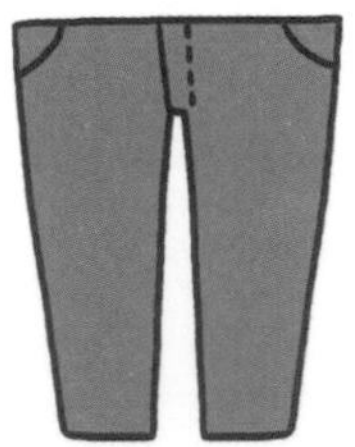

Cualquier cosa combina con unos vaqueros.

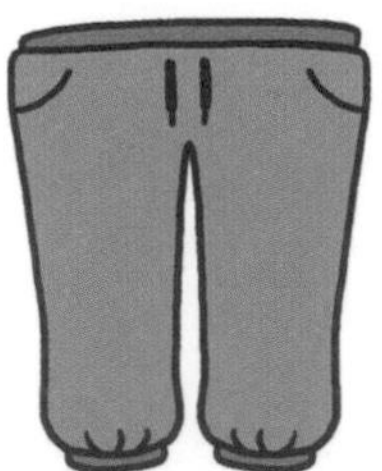

Los pantalones de chándal son holgados y de bordes suaves.

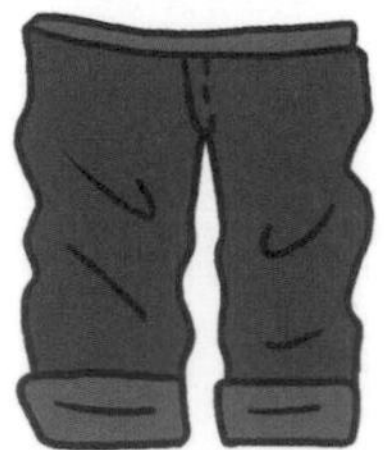

¡Estos son aún más anchos!

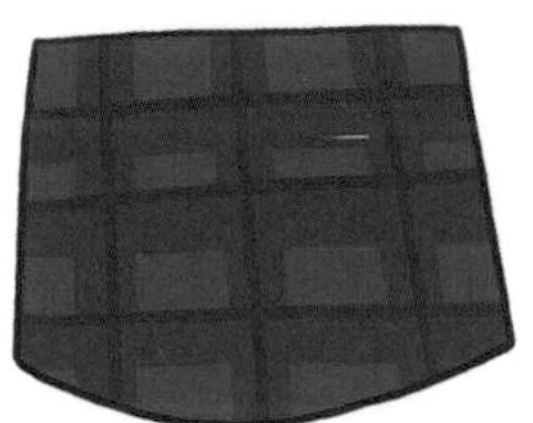

Hay muchos estampados que pueden aplicarse a la ropa. Prueba con unos topos.

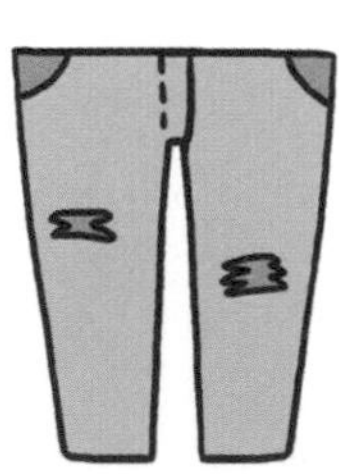

Dibuja parches irregulares si quieres unos pantalones rasgados.

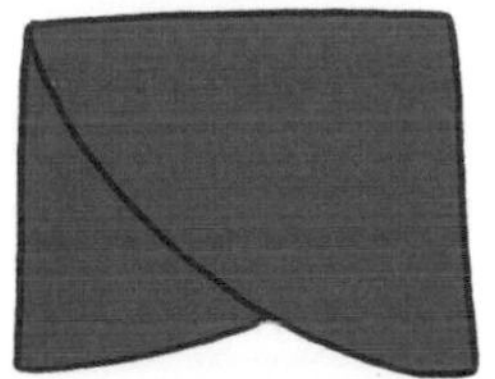

Puedes transformar una falda con un sencillo pliegue.

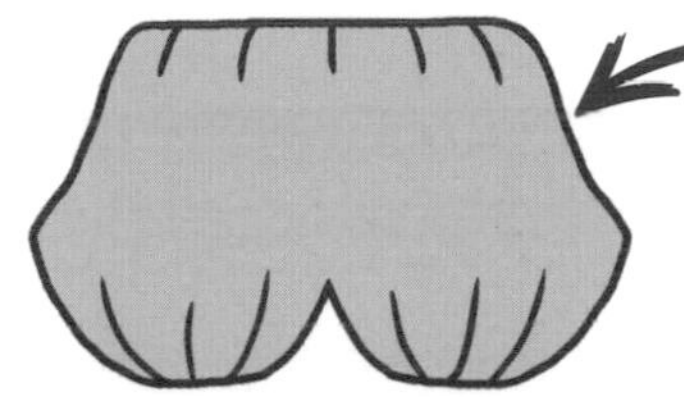

Si dibujas ropa ancha y redonda, resaltarás su holgura.

¡No tengas miedo a no respetar la simetría!

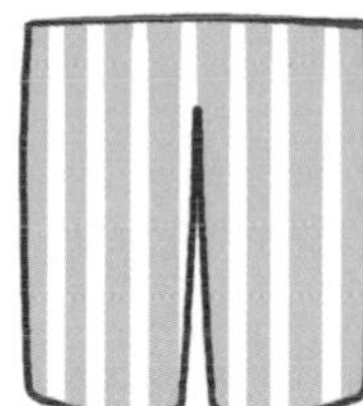

Dibuja una parte superior a conjunto con tu pijama.

Puedes probar distintos tipos de pantalones con solo cambiar un poco los bordes.

A mí me encanta dibujar estampados de plantas.

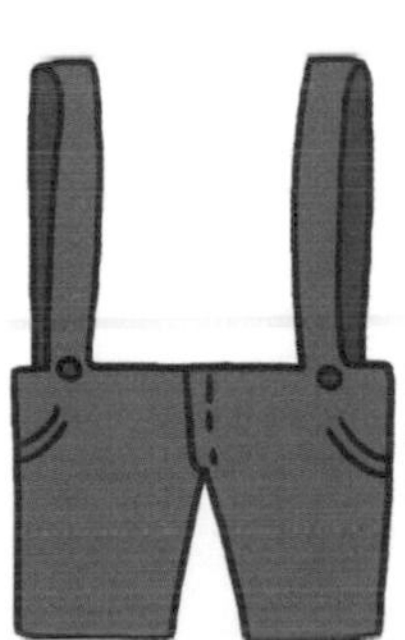

Puedes dibujar un mono encima de la camiseta.

SOMBREROS

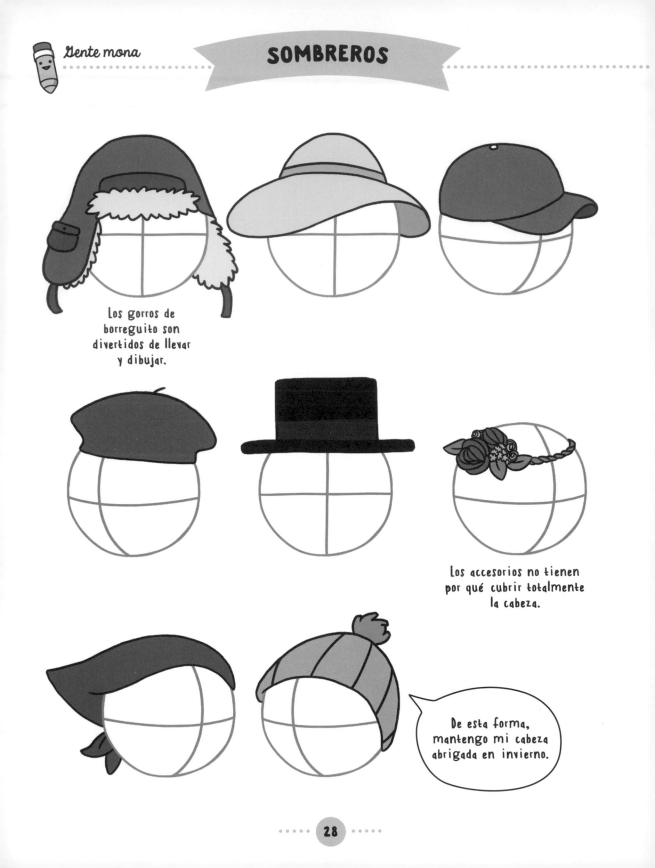

Los gorros de borreguito son divertidos de llevar y dibujar.

Los accesorios no tienen por qué cubrir totalmente la cabeza.

De esta forma, mantengo mi cabeza abrigada en invierno.

GAFAS

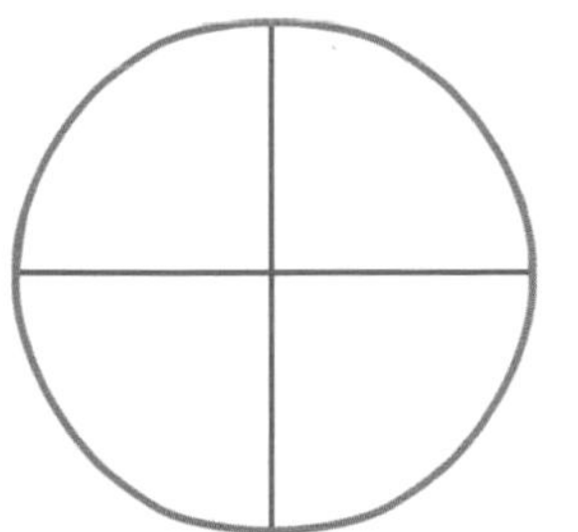

Puedes cambiar el tamaño de tus gafas para que sean más grandes o más pequeñas.

La línea horizontal que has trazado en la cara de tu personaje será de gran ayuda para dibujar unas gafas.

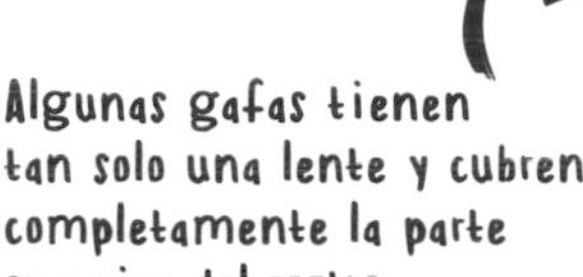

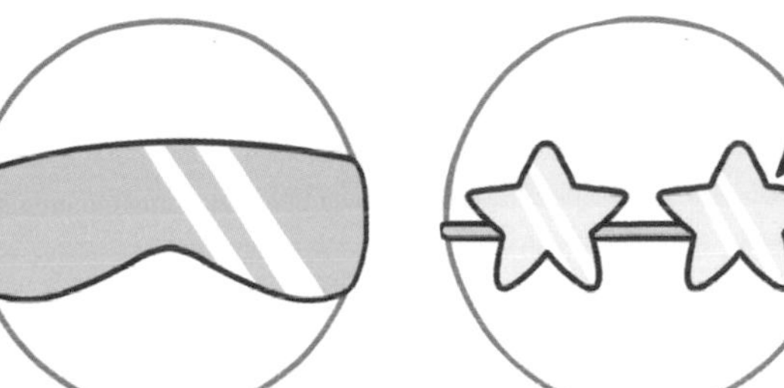

No olvides que también puedes cambiarles la forma.

Algunas gafas tienen tan solo una lente y cubren completamente la parte superior del rostro.

BOLSOS Y MOCHILAS

Un bolso de mano puede llevarse agarrado o colgado de un hombro.

Para dibujar una bolsa de mensajero, o una bandolera, hazlo a lo largo y al través del cuerpo.

¿Cuerdas en vez de asas? Entonces es un cordón.

Así es como debe lucir una mochila: las dos asas colgadas de los hombros.

JOYAS

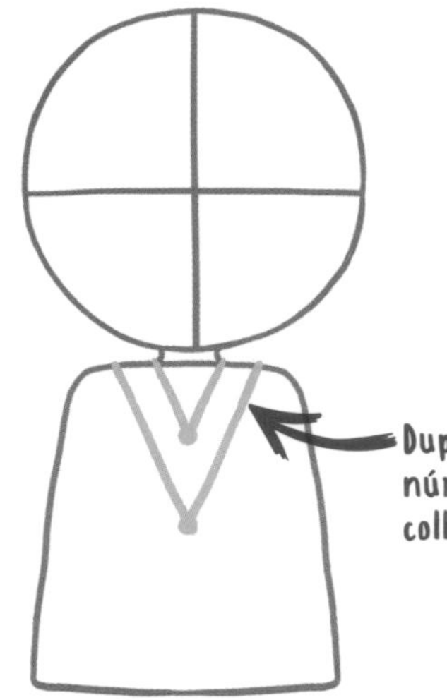

Duplica el número de collares.

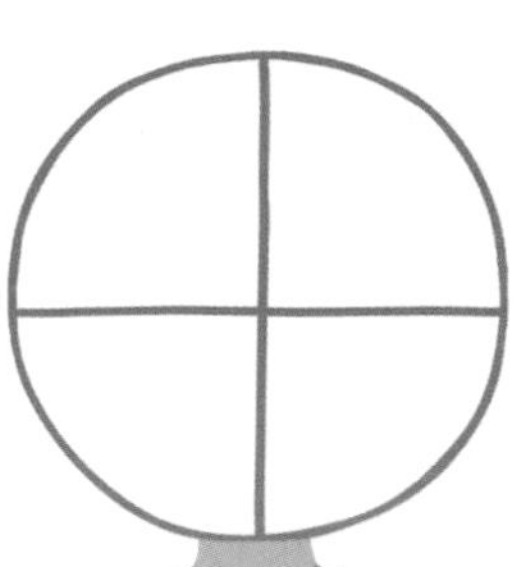

Un pequeño collar alrededor del cuello puede ser un buen accesorio.

Dibujar la misma forma una y otra vez puede resultar en un buen patrón para un collar, como este de flores o este otro de triángulos.

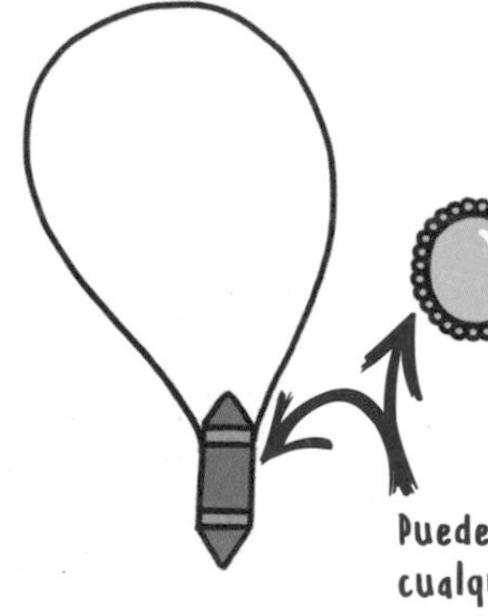

Puedes confeccionar un colgante con cualquier cosa: un diamante, una letra, un objeto u otra forma interesante.

Añade anillos y tu personaje tendrá más detalles.

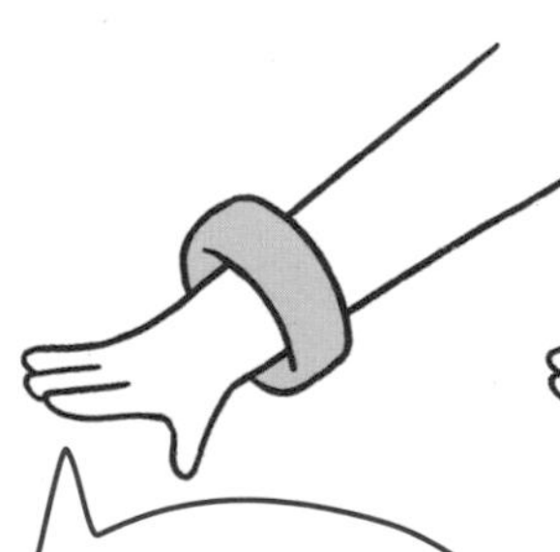

A veces juego con el tamaño de mis pulseras.

Ponle todas las pulseras que quieras a tu personaje.

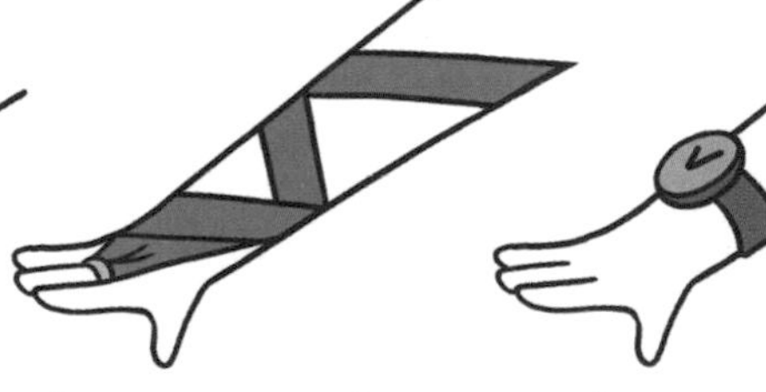

Las mangas de formas intrincadas siempre son interesantes.

La joyería también puede envolver completamente el brazo.

CALZADO

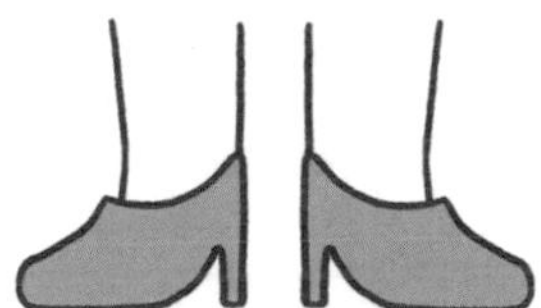

El truco para dibujar unos tacones altos es inclinar los pies.

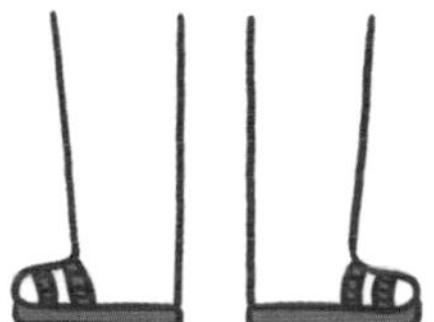

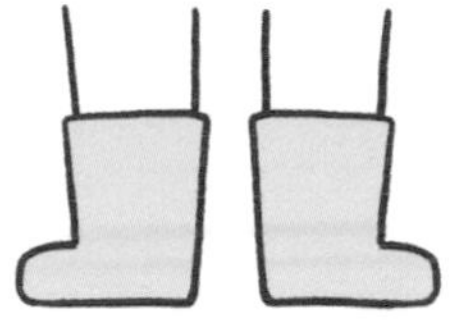

Las botas siempre son más altas que las zapatillas.

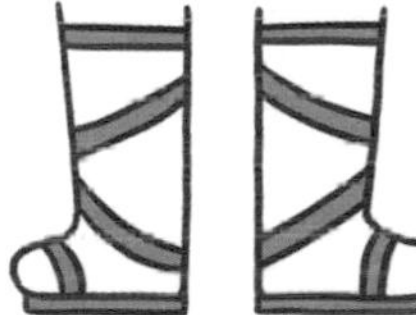

Incluso el calzado difícil, como estas sandalias de tiras, resultará fácil de dibujar sobre tu personaje.

Las pantuflas con forma de conejo también pueden tener carita.

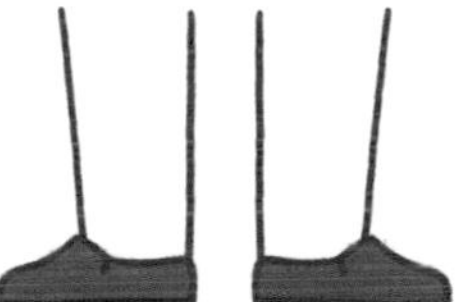

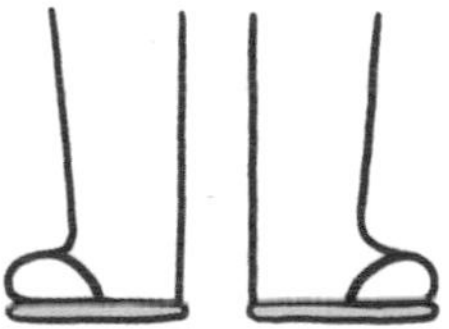

El calzado puede cubrir completamente el pie del personaje. Estas zapatillas quedarán genial en tu dibujo.

POLICÍA

Combina los atuendos y añade accesorios para completar tus personajes.

Equipa a tu
personaje con su
propio cinturón y
unas gafas de sol
molonas.

Puedes
acompañar una
cara socarrona con
la postura de los
brazos cruzados.

Dibuja a tu personaje corriendo para que parezca que está persiguiendo criminales.

¡Las rosquillas son su punto débil! Fíjate en sus ojos de corazones.

ASTRONAUTA

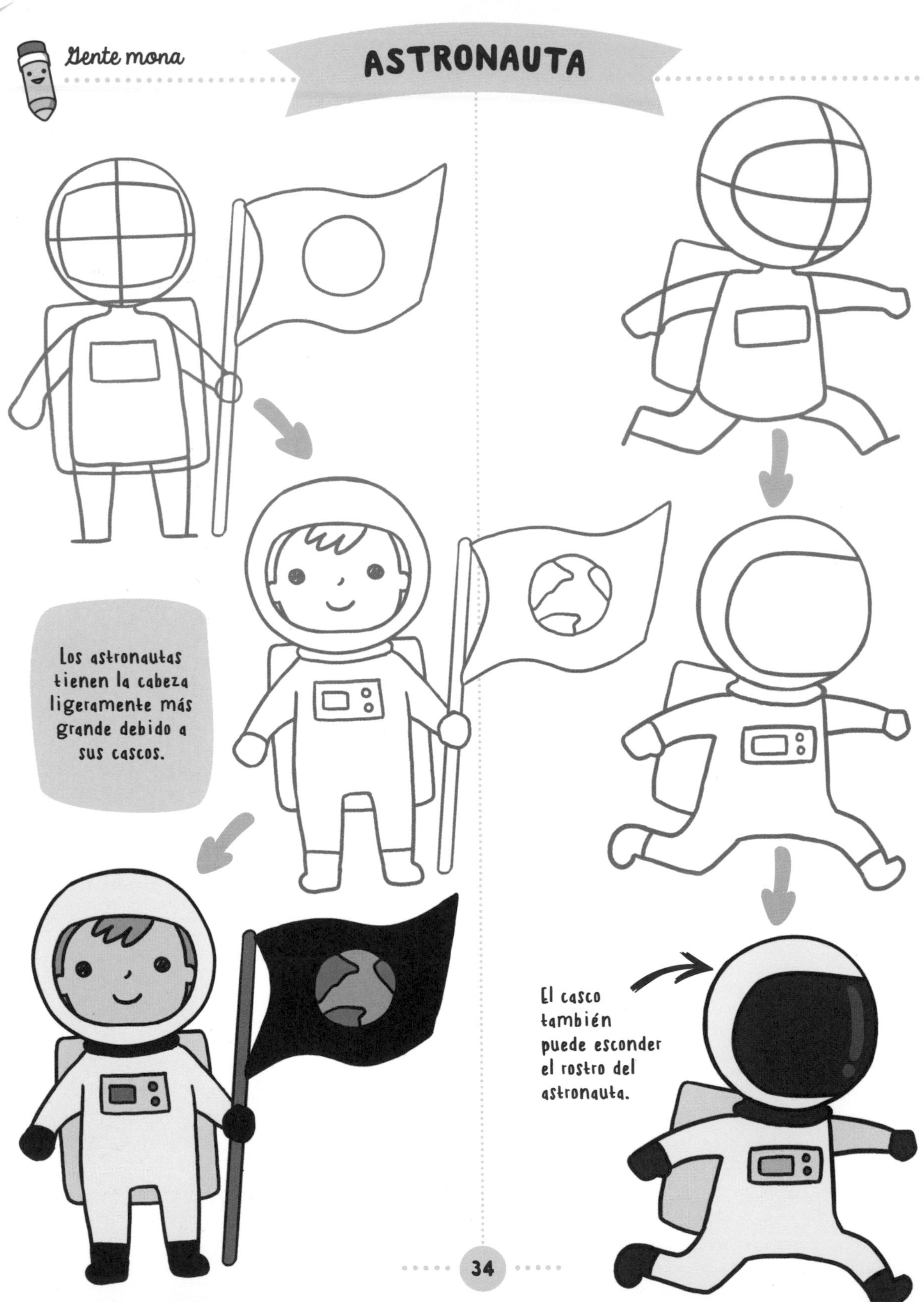
Los astronautas tienen la cabeza ligeramente más grande debido a sus cascos.
El casco también puede esconder el rostro del astronauta.

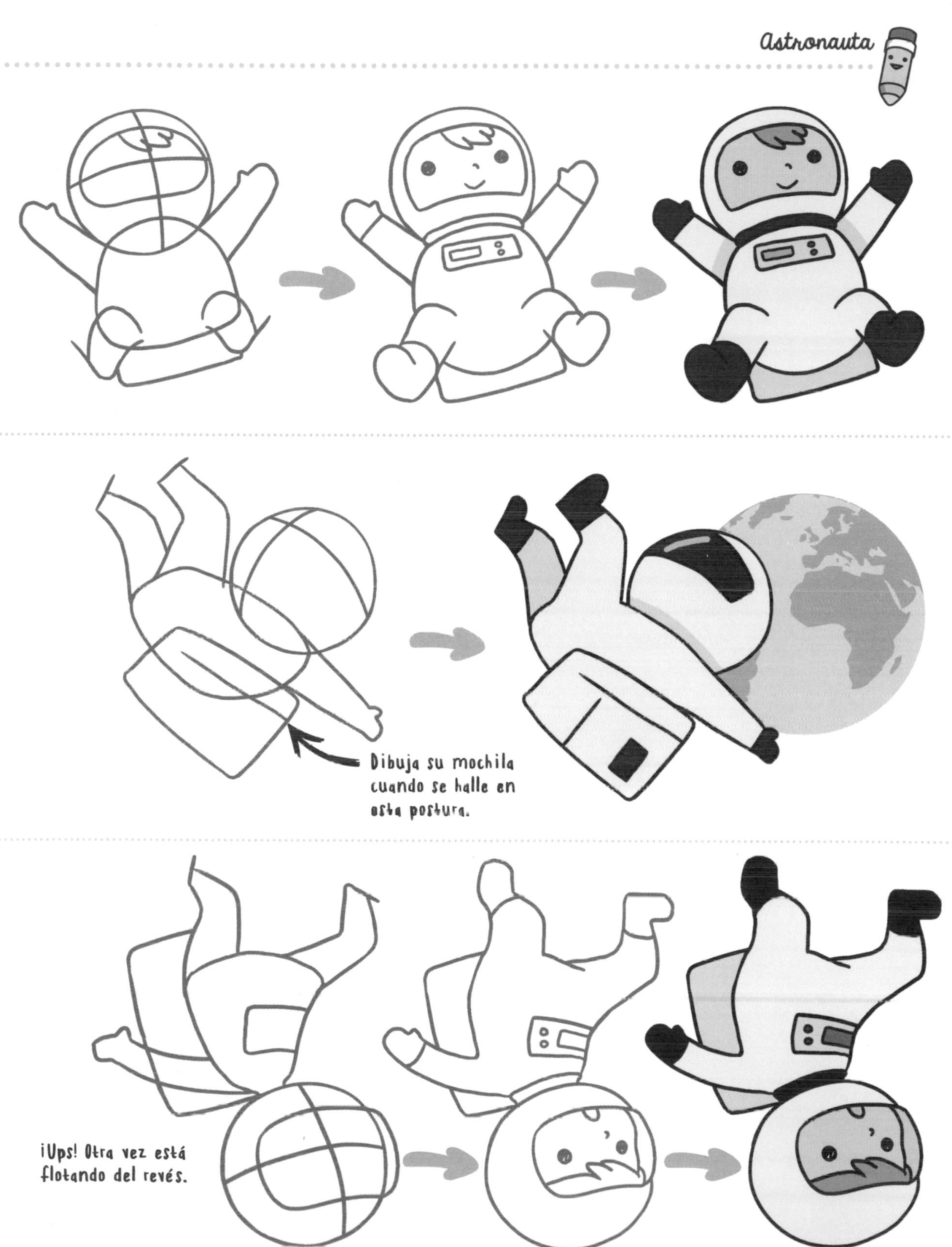
Dibuja su mochila
cuando se halle en
esta postura.
¡Ups! Otra vez está
flotando del revés.

CHEF

Tu chef puede tener un delantal corto o uno largo.
¡El plato está en su punto!

Dibuja líneas onduladas saliendo del plato para representar un aroma delicioso.
¡El jefe de cocina es un genio a la hora de voltear los huevos! Añade unas líneas desde la sartén hasta el huevo para ilustrar el movimiento.

VAQUERO

Si me añades cejas, me conferirás más carácter.
¡Los vaqueros son geniales! Puedes dibujar esta expresión cerrándole los ojos y añadiendo una sonrisa socarrona.
¿Sabías que los vaqueros pastorean el ganado?

VAQUERA

Puedes dibujar a una vaquera con su lazo a partir de óvalos.
¡Vi-haa! Dibuja líneas dentadas para indicar movimiento.
¡Oh, no! El vaquero ha atado a la vaquera.

DOCTOR & ENFERMERA

Dibuja un estetoscopio para que el doctor pueda auscultar los latidos del corazón.

¡Au! ¡Pincha! Las enfermeras deben tener cuidado con su equipo.

Esta bata tiene un montón de bolsillos para guardar notas y bolígrafos.
Añade símbolos cerca de la cara para crear el efecto de sorpresa.

GRANJERO

¡Mmm! El granjero está comiendo. Dibuja un mordisco en la manzana.

Tu granjero es muy trabajador. El sudor y su expresión dan cuenta de ello.

Hazte cargo de los cultivos. Dale a tu granjero una regadera.

NINJA

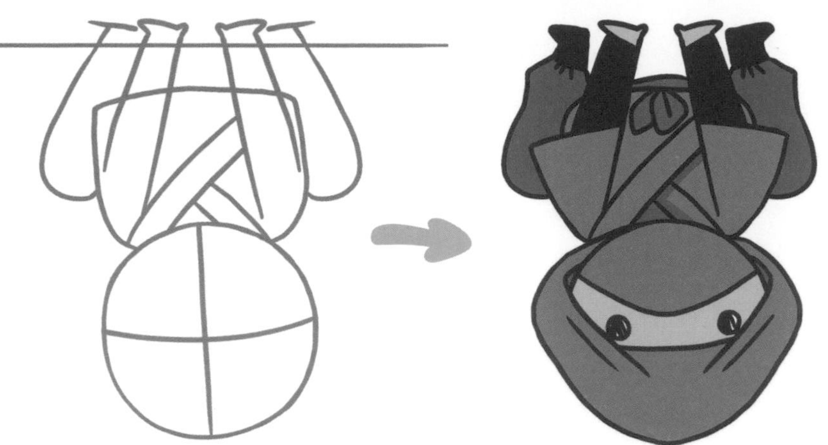

Dibuja a tu ninja boca arriba y luego gira el papel para tenerlo boca abajo.

Tu ninja puede golpear hacia arriba si haces que se incline hacia atrás.

Haz que tu ninja lance algunas estrellas.

¡Un golpe de ninja! Dibuja varias líneas para representar la velocidad y el movimiento.

Si lo dibujas trepando, sujeta las armas a su espalda.

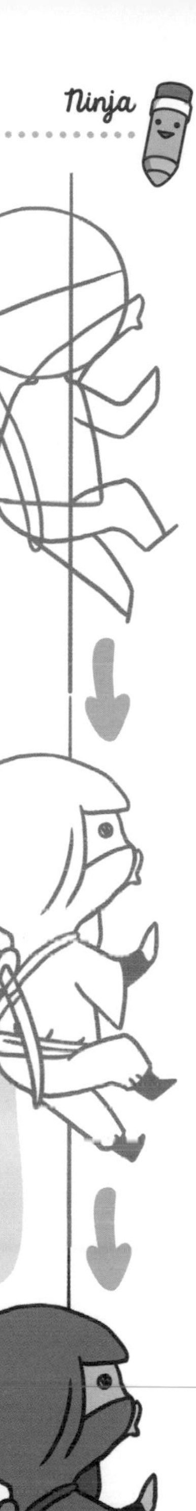

MARINERO

¿Eso es tierra?

Dibuja a tu marinero apuntando con el dedo.

El marinero saluda al capitán.

Dibuja un telescopio para que tu marinero pueda otear más lejos.

La X indica el lugar.
Puedes dibujar tu propio mapa del tesoro.

BRUJA

Puedes conseguir una bruja muy mona simplemente con un gran sombrero y un sencillo vestido.

¡Una poción exitosa! Dibuja un aroma verde saliendo de la botella.

Dibuja líneas onduladas para plasmar el hechizo que está conjurando.
Las brujas vuelan sobre escobas, y esta está despegando. ¡Casi pierde el sombrero!
Cuando tu bruja conjura un hechizo, el sombrero se le cae debido a su fuerza.

Capítulo tres

CRIATURAS MONAS

¡Desde perros y gatos hasta criaturas mitológicas, pasando incluso por insectos! Este capítulo te enseña cómo convertir cualquier animal en una monada.

PERRO

Los perros son muy leales y cariñosos.
Juega a la pelota con tu perro y dibújalo saltando.
Algunos perros son más peludos que otros. Mira este perro: ¡parece un peluche!
Haz que cuando tu perro corra, su pelo se mueva con el viento.

Mira cómo se mueven las patas del perro.
¡Fíjate en la frente arrugada de este perro!
Haz que tu perro se acurruque cuando duerme.
Z
Z

GATO

Soy parecido a un perro, pero mis formas son más redonditas.
Puedes hacer que tu gato parezca un peluche dibujándole más pelo.
Dibuja una pequeña lengua para que tu gato se acicale.

Los gatos son muy juguetones.

CONEJO

Los conejos se dibujan a partir de tres círculos principales.

Los conejos pueden levantarse en sus patas traseras cuando están oliendo algo.

Dibújalo con las orejas caídas cuando esté durmiendo.

ELEFANTE

Los elefantes se dibujan sobre todo a partir de círculos.
Usa dos grises distintos para añadirle volumen.

Pliega la trompa bajo el elefante cuando esté durmiendo.
Las cejas y las nubes de vapor hacen que el elefante parezca enfadado.

¡El elefante está asustado! Curva su trompa y dibuja las orejas plegadas hacia atrás.

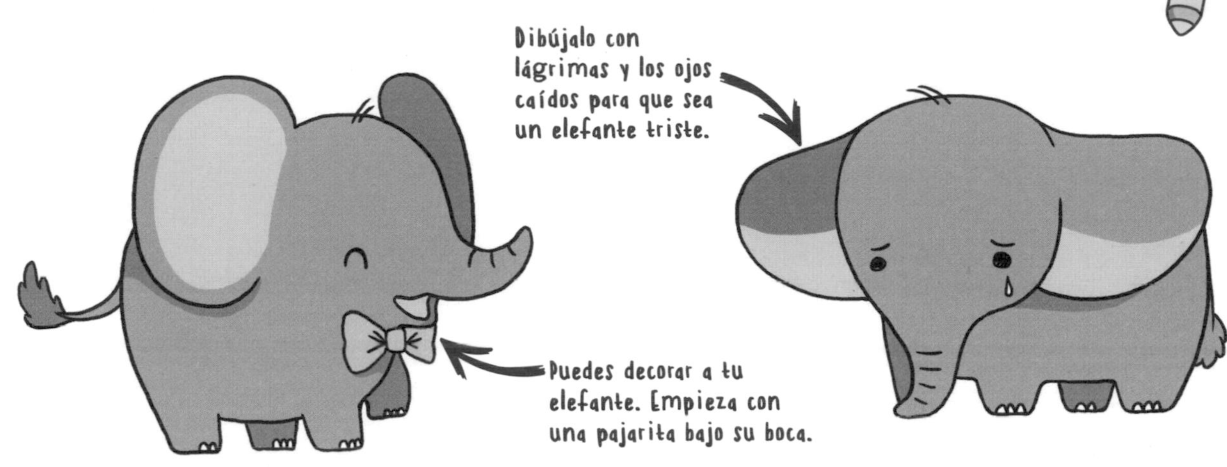
Dibújalo con lágrimas y los ojos caídos para que sea un elefante triste.
Puedes decorar a tu elefante. Empieza con una pajarita bajo su boca.

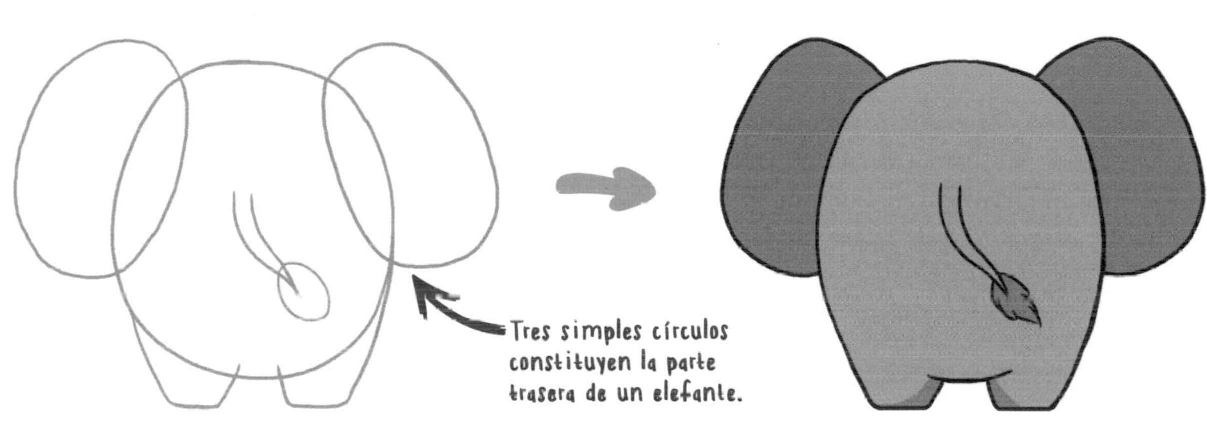
Tres simples círculos constituyen la parte trasera de un elefante.

Si quieres que tu elefante sujete algo, dibuja su trompa curvada alrededor del objeto.

HÁMSTER

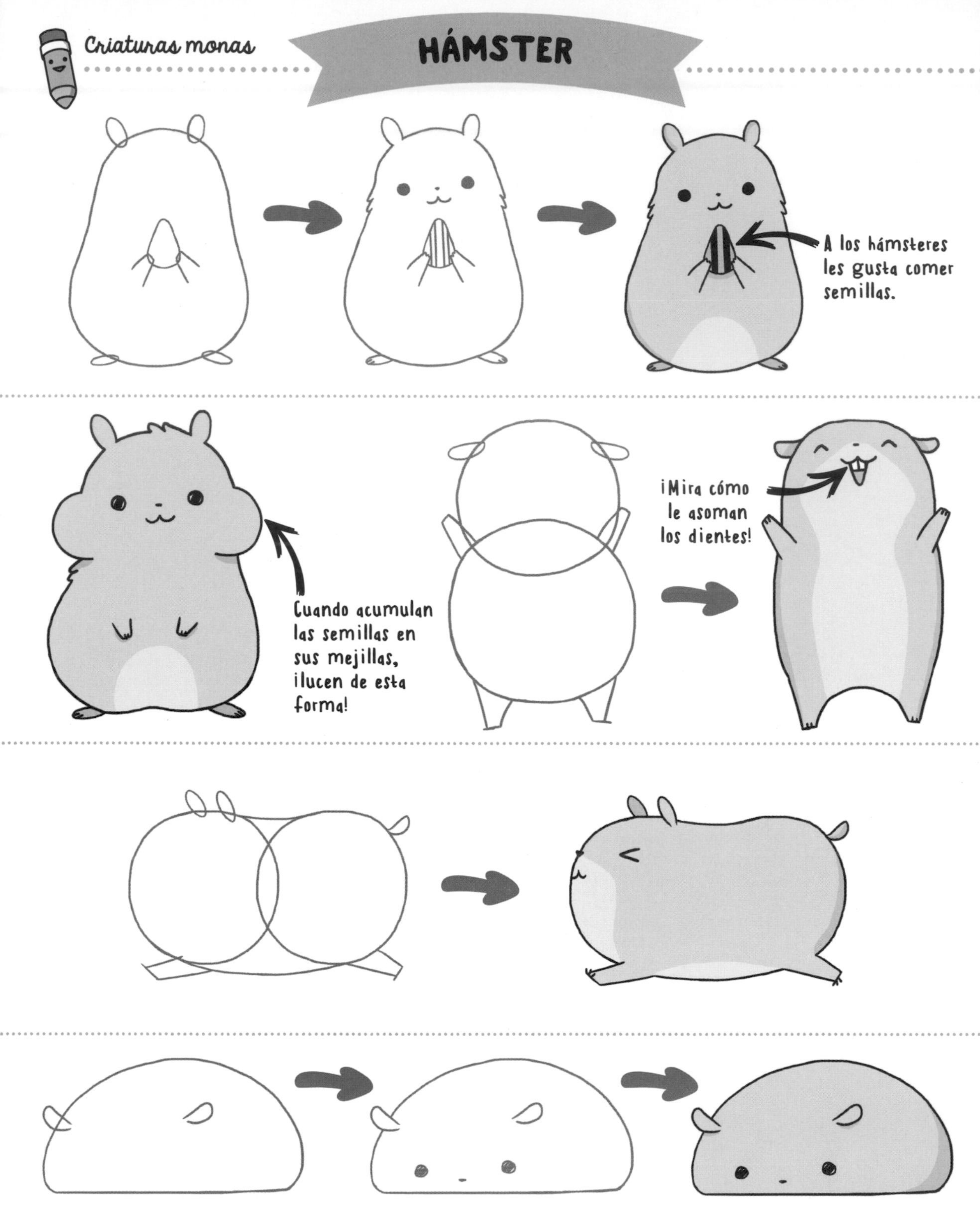
A los hámsteres les gusta comer semillas.
Cuando acumulan las semillas en sus mejillas, ¡lucen de esta forma!
¡Mira cómo le asoman los dientes!

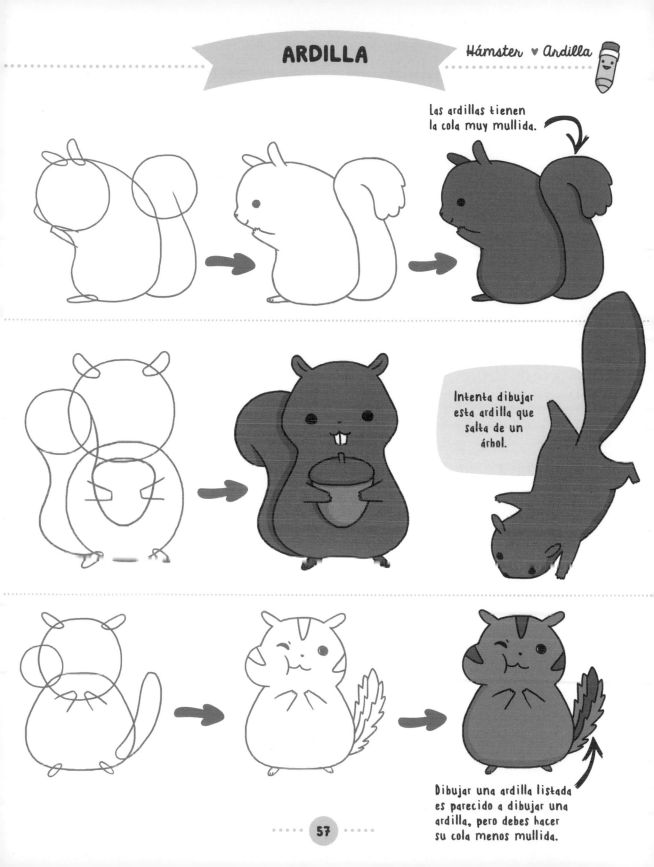

ARDILLA

Las ardillas tienen la cola muy mullida.

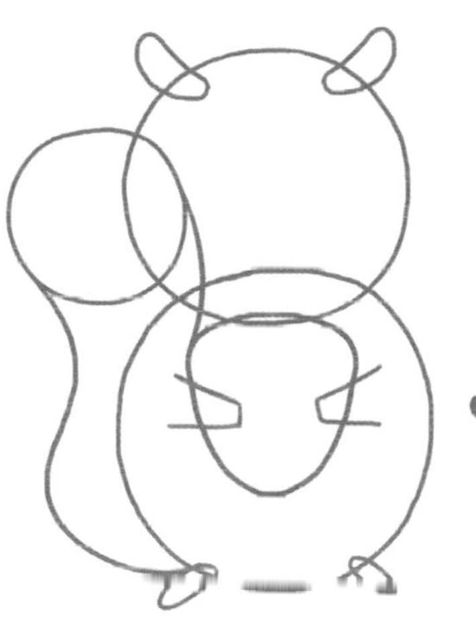

Intenta dibujar esta ardilla que salta de un árbol.

Dibujar una ardilla listada es parecido a dibujar una ardilla, pero debes hacer su cola menos mullida.

OSO

Los osos se dibujan a partir de grandes círculos y con patas.

Los osos son realmente grandes cuando se ponen en pie.

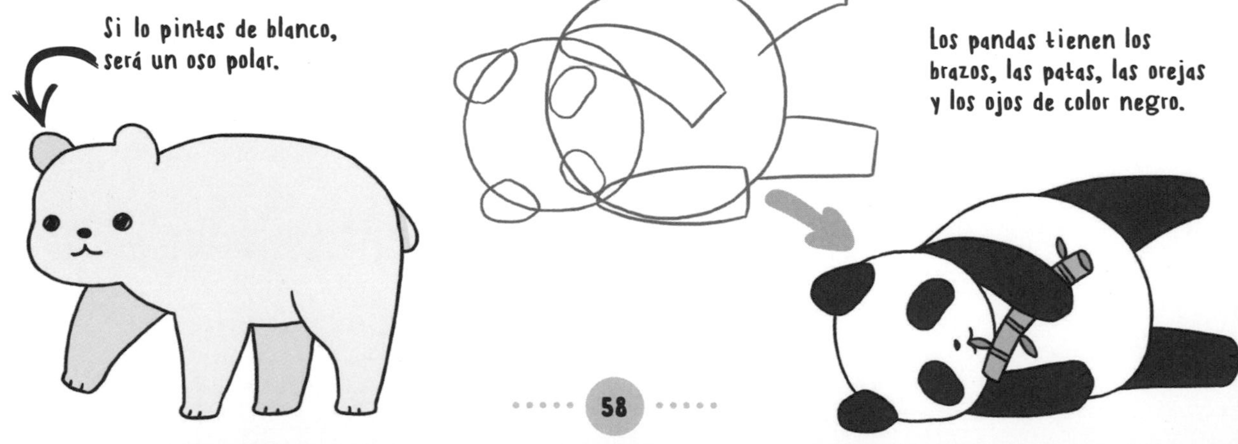

Si lo pintas de blanco, será un oso polar.
Los pandas tienen los brazos, las patas, las orejas y los ojos de color negro.

CIERVO

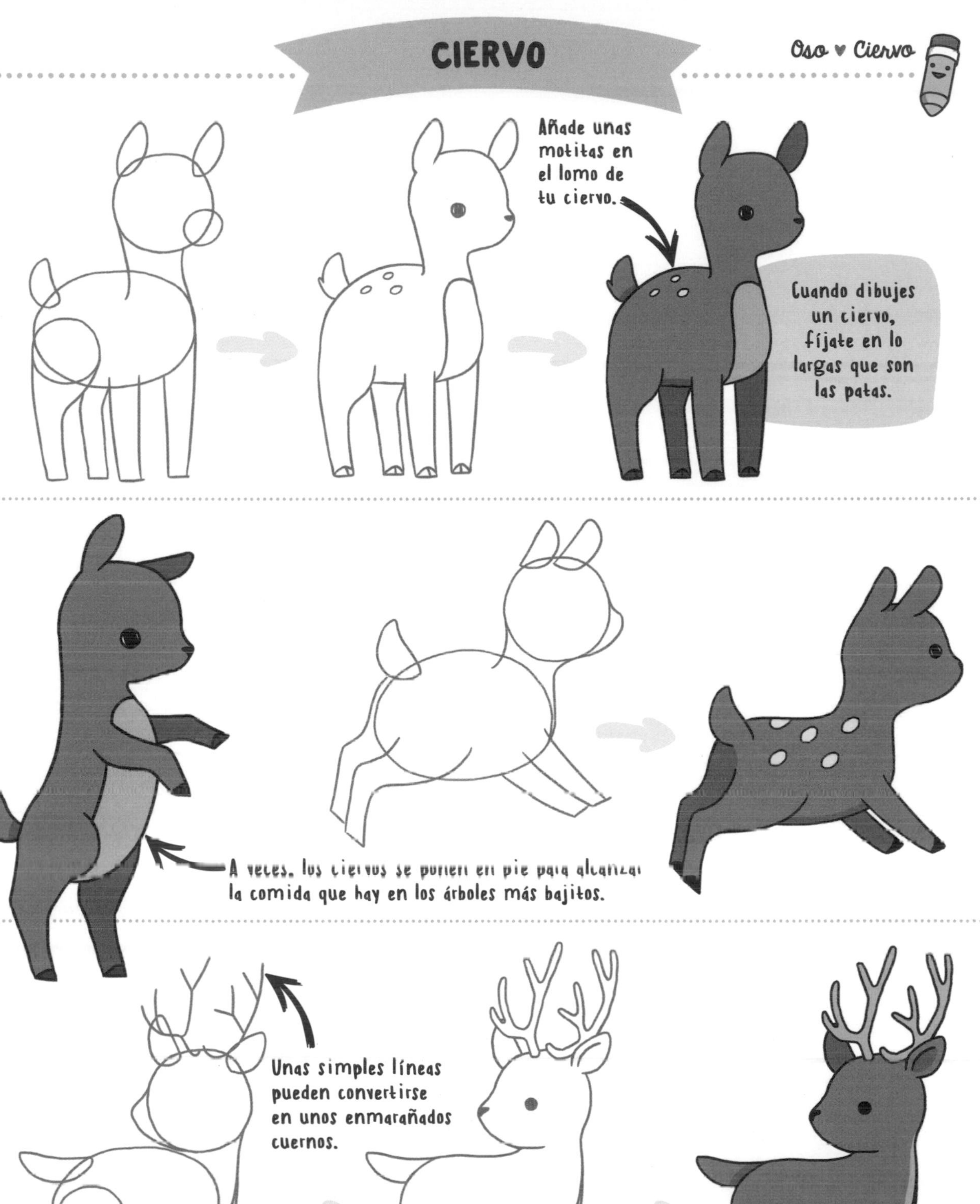
Añade unas motitas en el lomo de tu ciervo.
Cuando dibujes un ciervo, fíjate en lo largas que son las patas.
A veces, los ciervos se ponen en pie para alcanzar la comida que hay en los árboles más bajitos.
Unas simples líneas pueden convertirse en unos enmarañados cuernos.

ZORRO

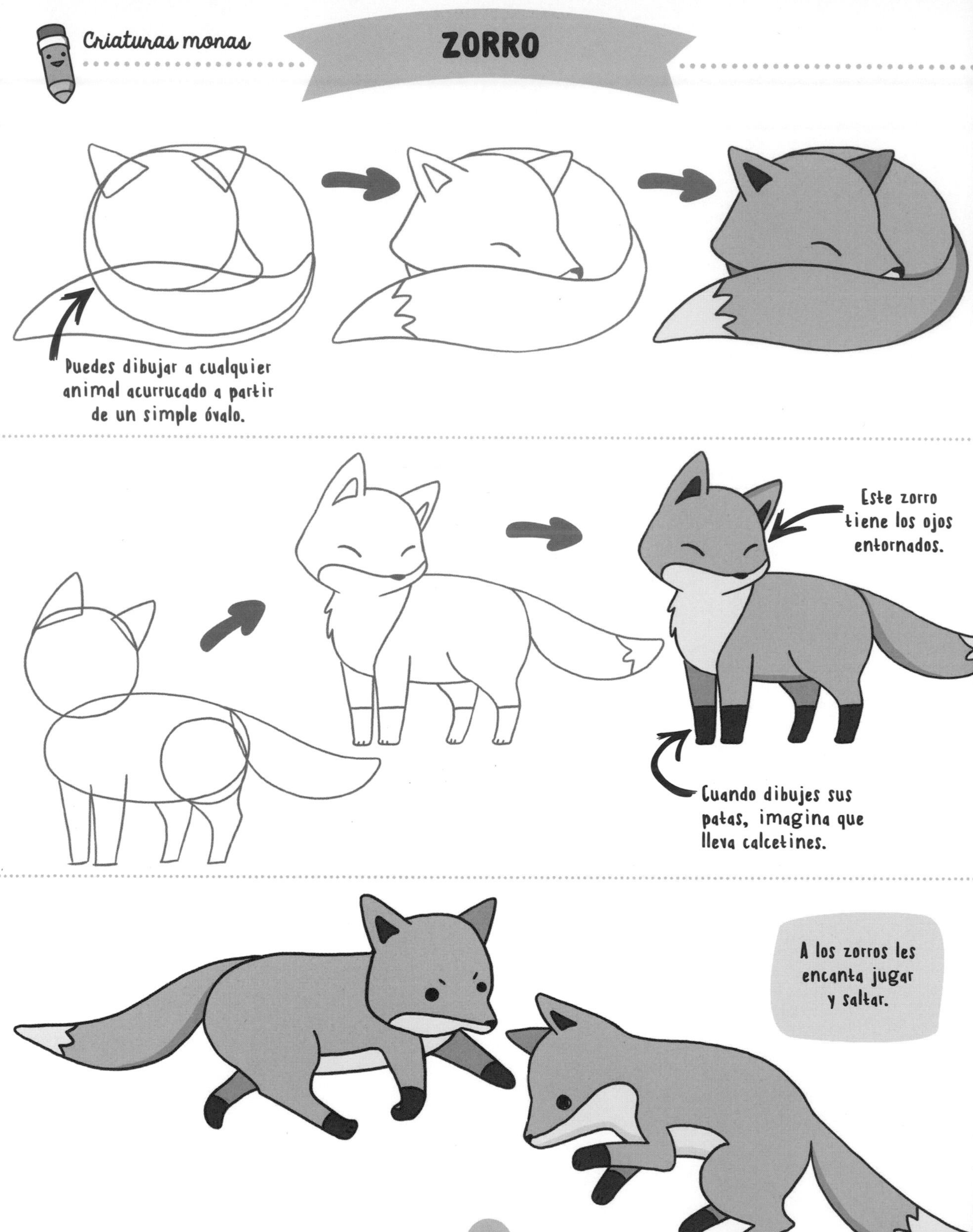
Puedes dibujar a cualquier animal acurrucado a partir de un simple óvalo.
Este zorro tiene los ojos entornados.
Cuando dibujes sus patas, imagina que lleva calcetines.
A los zorros les encanta jugar y saltar.

MAPACHE

Zorro ♥ Mapache

Los mapaches tienen la cola rayada.

¿Qué quiere alcanzar este mapache?

CERDO

A los cerdos les encanta revolcarse en el barro.

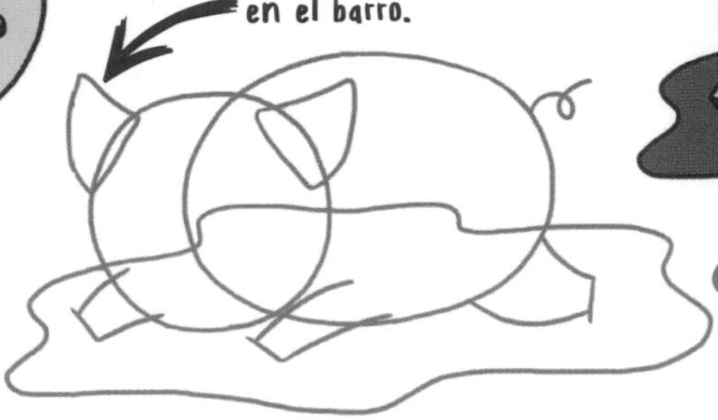

Este cerdo está hecho a partir de óvalos, triángulos y rectángulos.

¡Nos encanta comer! ¡Mmm!

¡Oh, no! ¡Un cerdito patoso!

Si le añades más pelo y unos colmillos, ¡obtienes un jabalí!

TORTUGA

Las tortugas llevan su casa a cuestas.

¡Una tortuga de tierra es más grande que una tortuga normal!

Esta es una tortuga avanzando lo más rápido que puede.

Dibuja un hexágono para darle forma al caparazón.

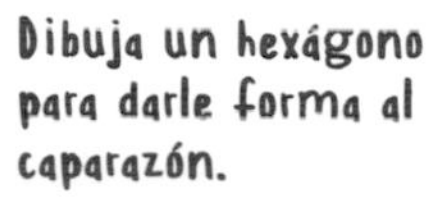

Las tortugas marinas tienen las patas redondeadas y sus caparazones acaban en punta.

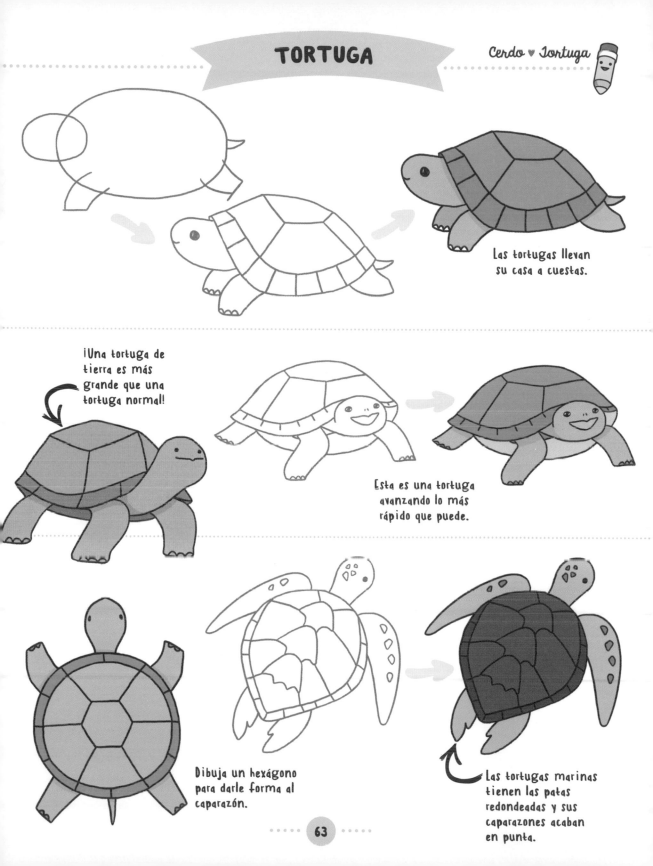

KOALA

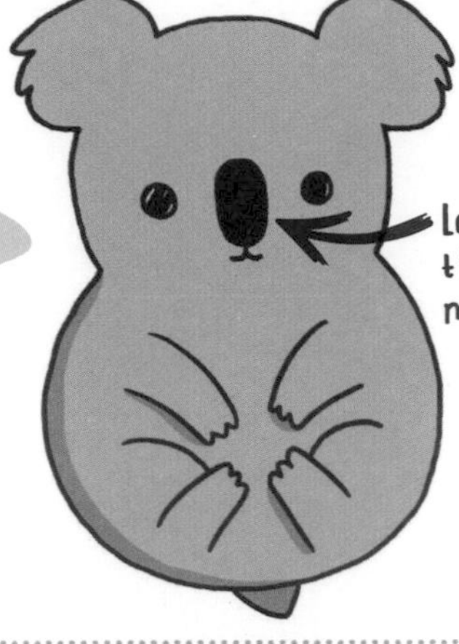

Los koalas tienen la nariz muy grande.

¡Oh, mira! ¡Un bebé koala!

A los koalas les gusta agarrarse a cosas, como a los árboles.

Dibuja un semblante de felicidad para este koala.

Puede parecer que los koalas siempre estén recostados descansando, pero no olvides que también gatean.

MONO

Para empezar tu mono, dibuja dos grandes círculos.
Algunos monos son muy peludos y tienen la cola corta.
Puedes dibujarlos con un brazo en alto para que parezca que están colgando.
¡Dibújalos con los brazos más gruesos y tendrás ante ti un gorila!

LEÓN

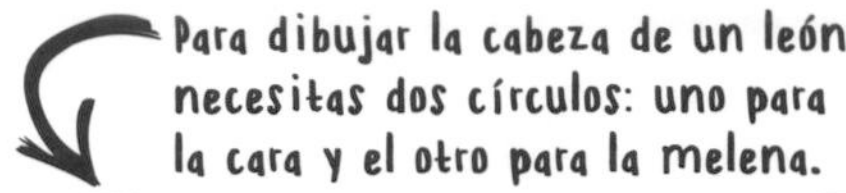
Para dibujar la cabeza de un león necesitas dos círculos: uno para la cara y el otro para la melena.

Haz que tu león dé un fuerte rugido dibujándole una gran boca abierta.

TIGRE

Pintar la piel de un tigre puede parecer complicado, pero es simplemente una repetición de rayas.

Intenta separar las rayas del tigre para que no se amontonen.

Y tú, ¿qué crees? ¿Quién ruge más fuerte, el tigre o el león?

Ubica las patas delanteras entre las traseras cuando el tigre esté corriendo.

JIRAFA

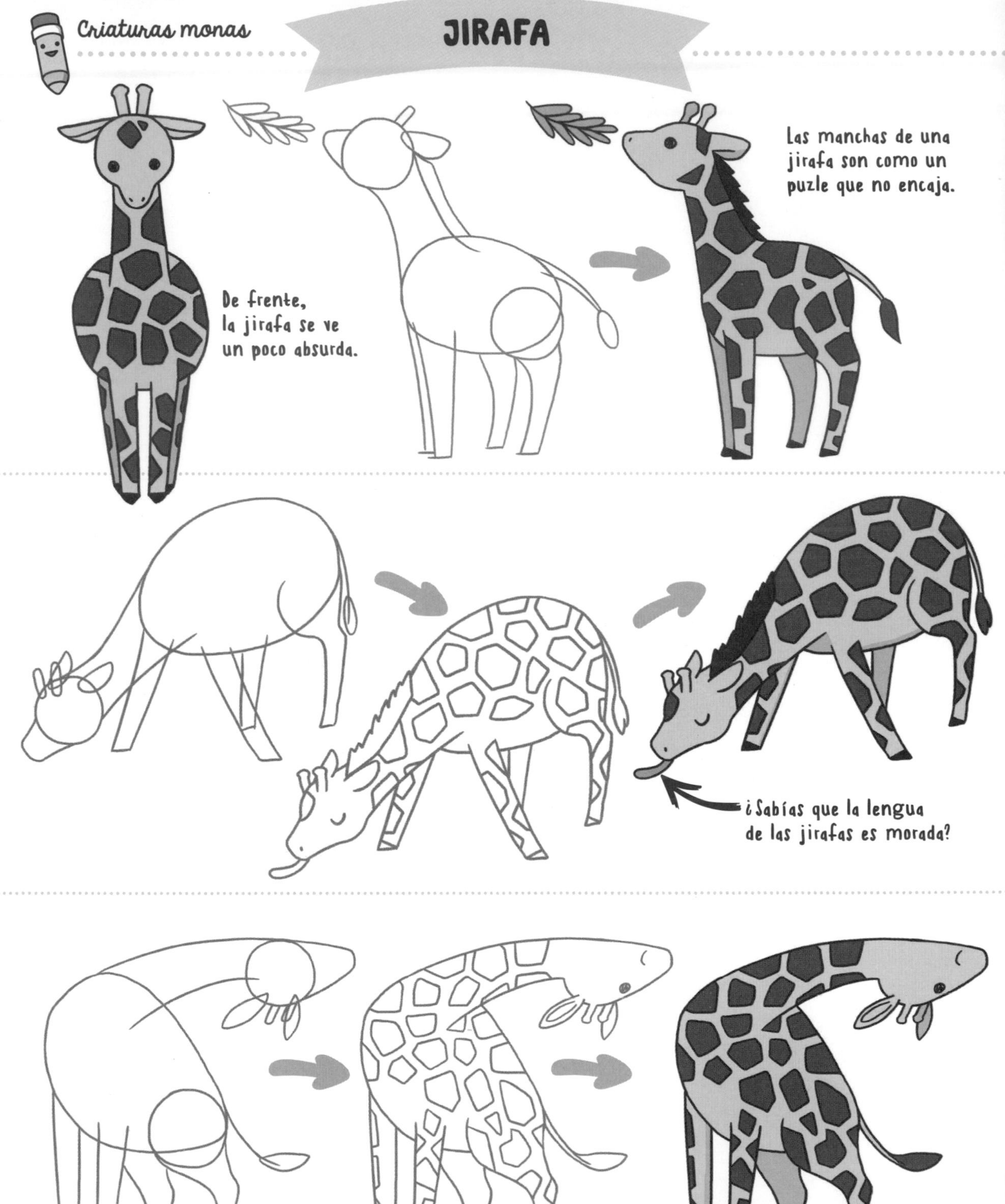
Las manchas de una jirafa son como un puzle que no encaja.
De frente, la jirafa se ve un poco absurda.
¿Sabías que la lengua de las jirafas es morada?

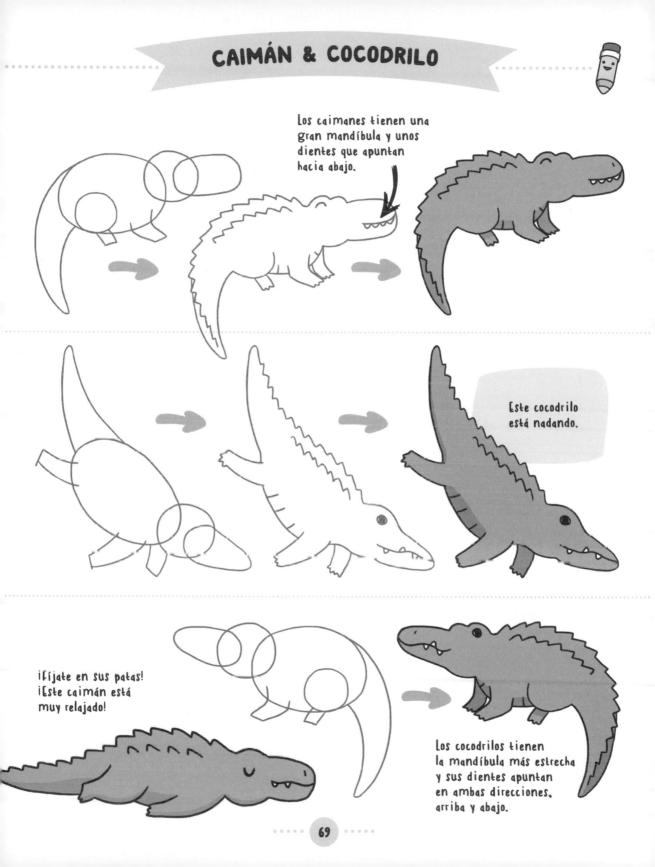

CAIMÁN & COCODRILO

Los caimanes tienen una gran mandíbula y unos dientes que apuntan hacia abajo.

Este cocodrilo está nadando.

¡Fíjate en sus patas! ¡Este caimán está muy relajado!

Los cocodrilos tienen la mandíbula más estrecha y sus dientes apuntan en ambas direcciones, arriba y abajo.

PÁJAROS DE COLORES

¿Sabías que los flamencos son totalmente rosas debido a lo que comen?

Si dibujas unas líneas en las alas, ilustrarás el aleteo rápido del colibrí.

¡Si haces a tu pájaro muy regordete, será adorable!
Los kiwis pueden ser blancos o marrones.
Los periquitos tienen manchas alrededor de sus ojos.
Puedes utilizar cualquier color para dibujar un loro, incluso un verde brillante o un amarillo.
Dibuja un gran pico para el tucán.

PÁJAROS URBANOS

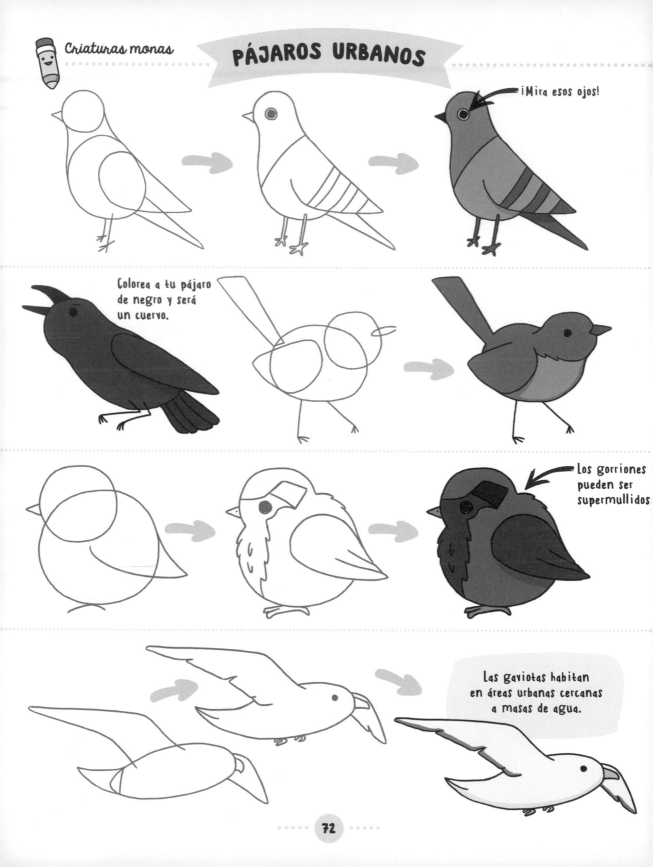

¡Mira esos ojos!

Colorea a tu pájaro de negro y será un cuervo.

Los gorriones pueden ser supermullidos

Las gaviotas habitan en áreas urbanas cercanas a masas de agua.

PATOS

Los patos tienen unas originales tiras alrededor de su cuello.
Dibuja a los patitos a partir de dos círculos.
Algunos patos tienen peinados muy molones.
¡Haz que tu pato extienda las alas y así volará!

AVES NO VOLADORAS

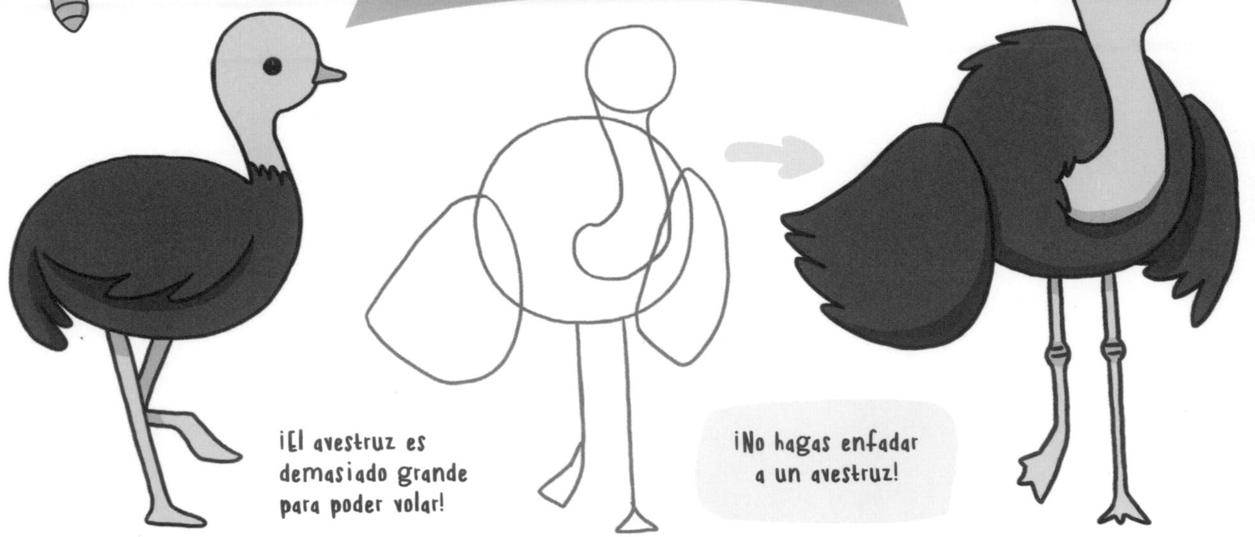

¡El avestruz es demasiado grande para poder volar!

¡No hagas enfadar a un avestruz!

Las crías de pingüinos son más peluditas que los adultos.

A los pingüinos les gusta deslizarse encima de su barriga.

AVES RAPACES

Las águilas tienen el cuello mullido.

Las cejas muestran que esta águila está de caza.

¡Esta águila está apretando el puño!

Estas alas son grandes y poderosas.

BÚHO

Las cejas pueden cambiar la expresión de un búho.

Algunos pájaros pueden dibujarse tan solo a partir de un círculo.

Si utilizas un solo círculo para la cabeza y el cuerpo del búho, parecerá que esté volando hacia ti.

MURCIÉLAGO

Al igual que los pájaros, los murciélagos tienen alas que les permiten volar.

Siempre puedes dibujar a los murciélagos boca abajo, incluso cuando están moviéndose.

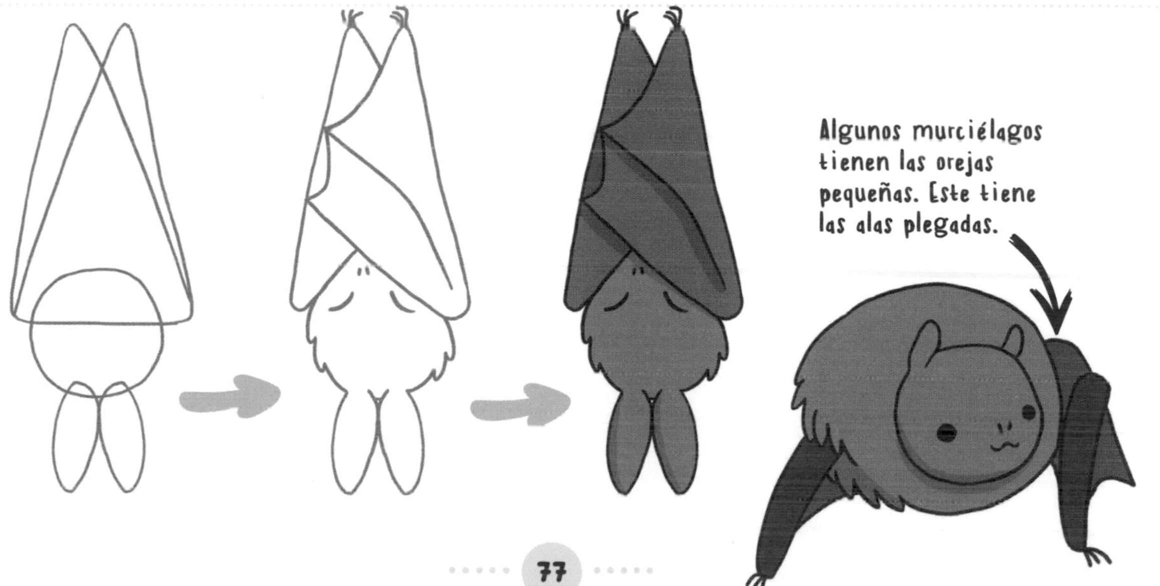

Algunos murciélagos tienen las orejas pequeñas. Este tiene las alas plegadas.

PECES DE COLORES

El pez payaso es blanco y naranja.
Algunos salmones pueden ser bastante coloridos.
Dibuja un corazón para hacer este tipo de pez.
Puedes dibujar un pez dorado a partir de un círculo.

Y dibuja un
pequeño óvalo
para cuando
el pez globo
se deshinche.
Dibuja un gran círculo
cuando el pez globo esté
hinchado.
Ponle unas
largas aletas
al pez ángel.
Este pez no solo es
de muchos colores,
sino que además
tiene manchas.

DELFÍN

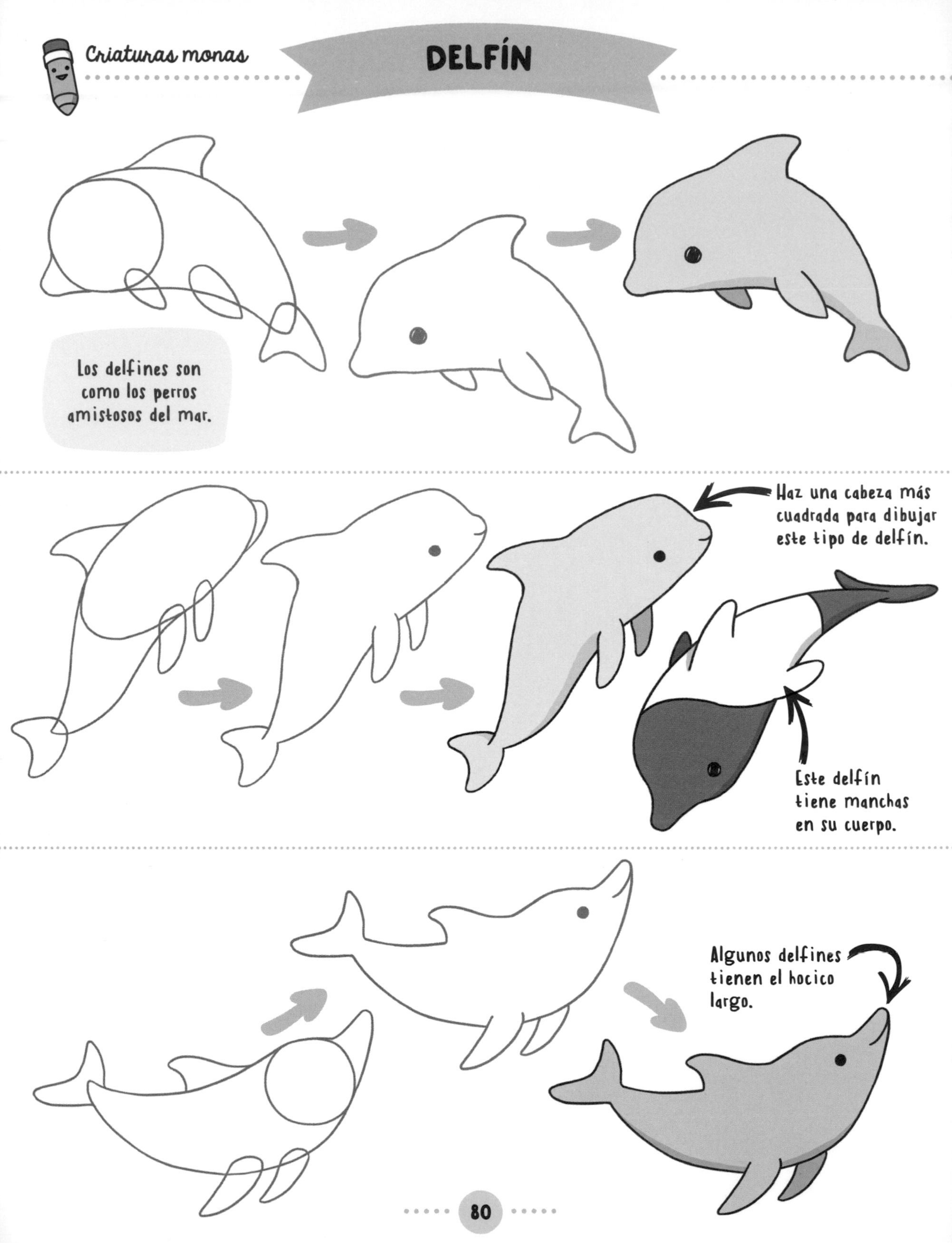
Los delfines son como los perros amistosos del mar.
Haz una cabeza más cuadrada para dibujar este tipo de delfín.
Este delfín tiene manchas en su cuerpo.
Algunos delfines tienen el hocico largo.

TIBURÓN

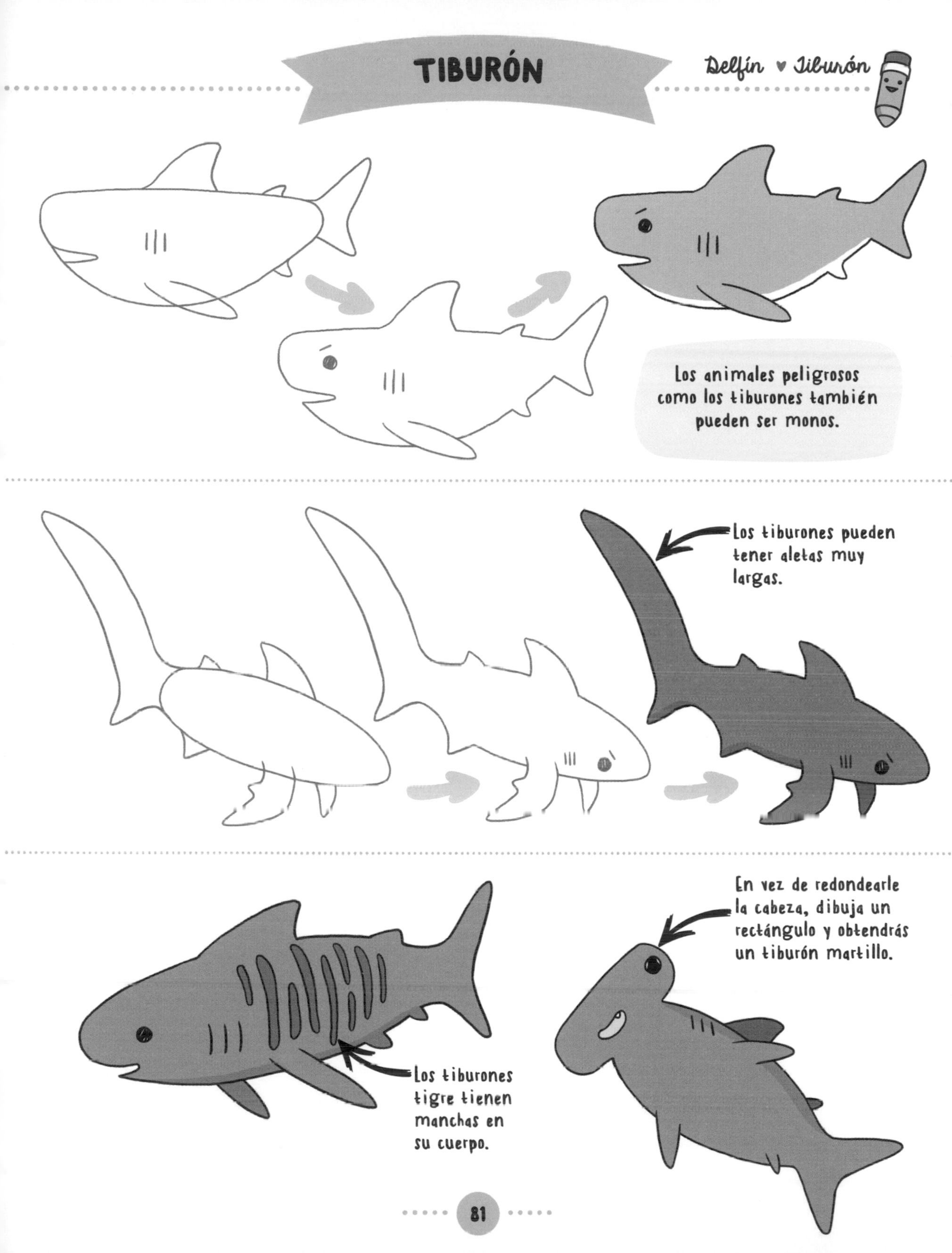
Los animales peligrosos como los tiburones también pueden ser monos.
Los tiburones pueden tener aletas muy largas.
En vez de redondearle la cabeza, dibuja un rectángulo y obtendrás un tiburón martillo.
Los tiburones tigre tienen manchas en su cuerpo.

RAYA

A algunas rayas les gusta pasar el rato en el lecho marino.

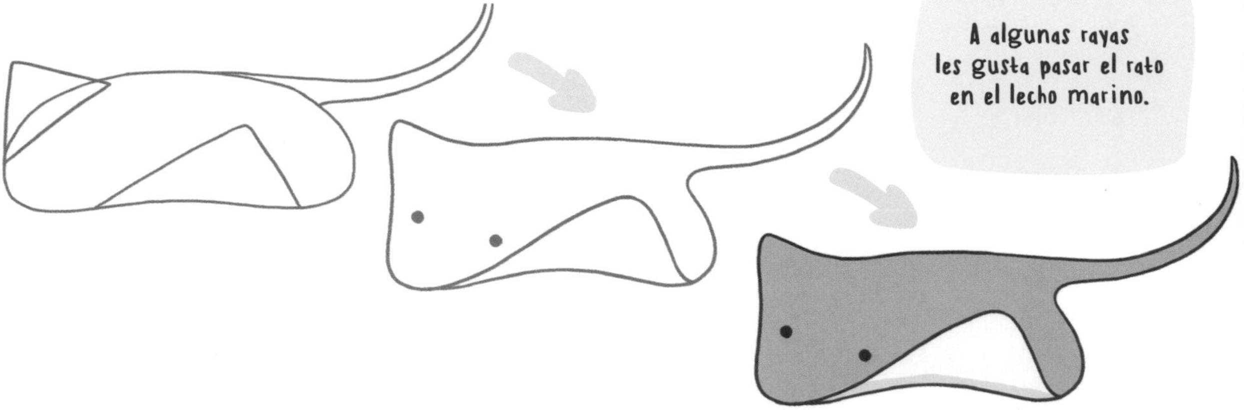

Dibuja la cara de esta raya en su barriga.

Dibuja la cara de esta raya en su espalda.

El lomo de una raya puede presentar manchas. ¡Prueba a crear tu propio diseño!

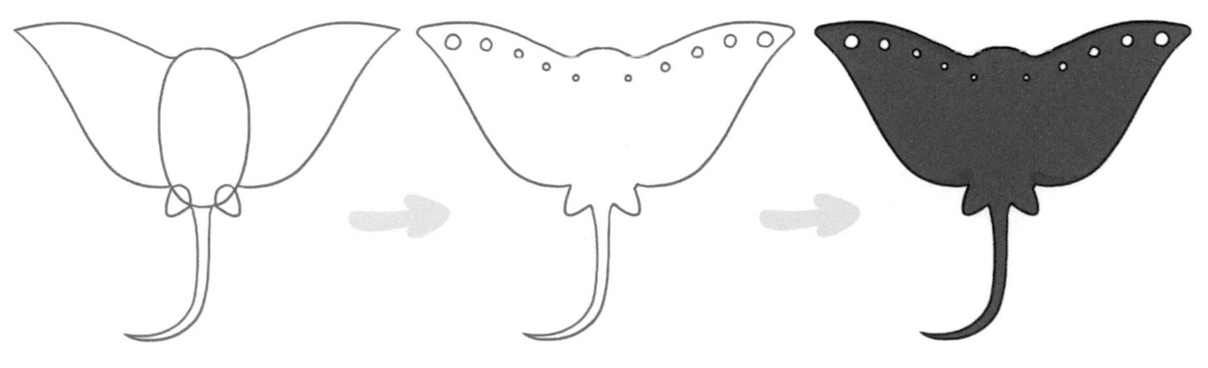

BALLENA

Las ballenas son los animales más grandes del mar.
Algunas ballenas tienen frentes anchas.
Las orcas tienen una forma parecida a los delfines.

TENTÁCULOS

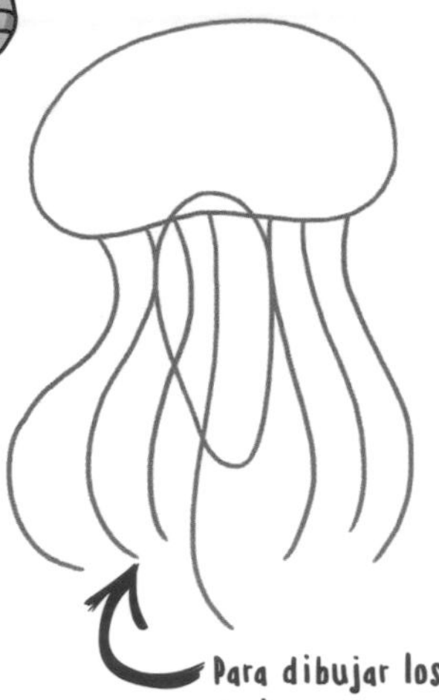

Para dibujar los finos tentáculos de la medusa, traza unas sencillas líneas.

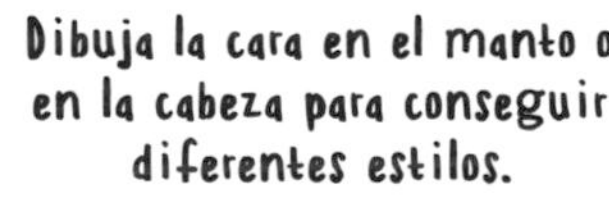

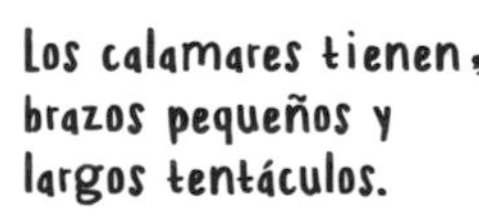

Dibuja la cara en el manto o en la cabeza para conseguir diferentes estilos.

Los calamares tienen brazos pequeños y largos tentáculos.

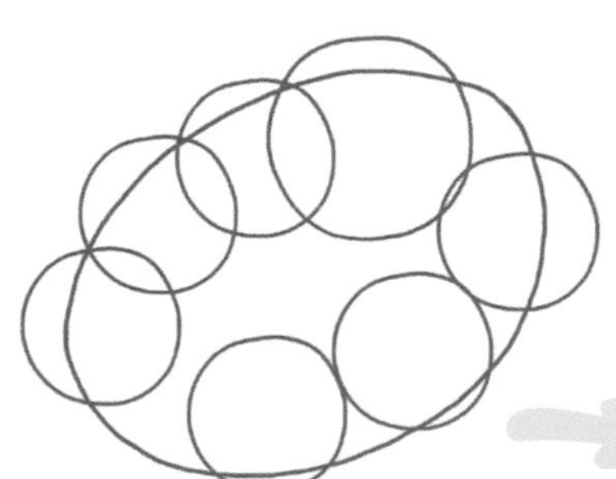

Algunos pulpos tienen los tentáculos planos.

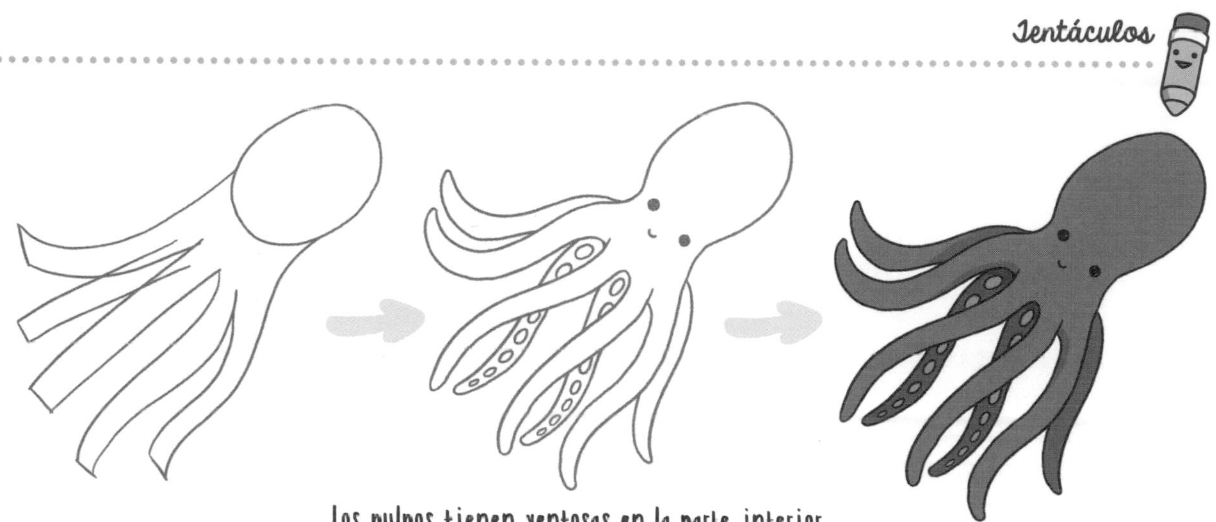

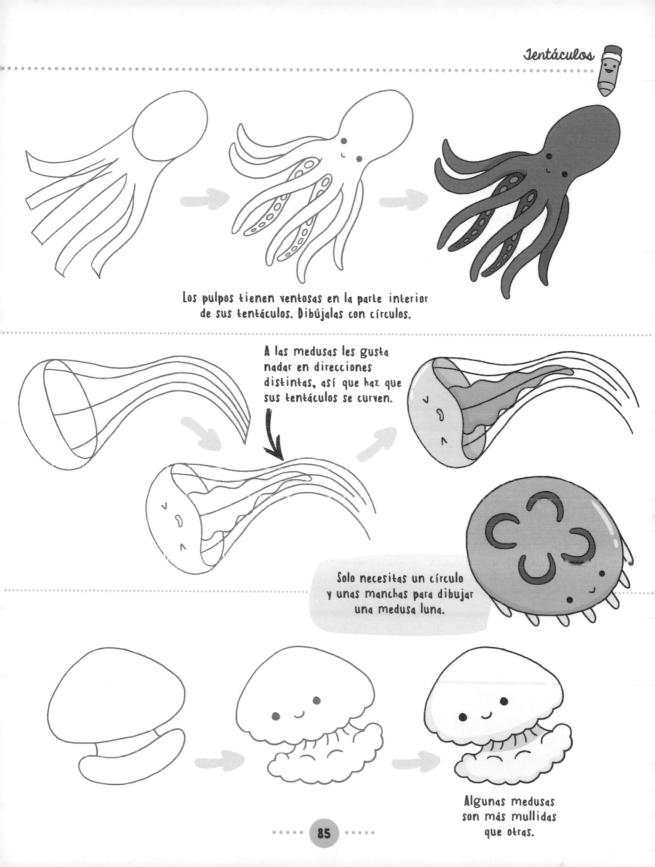

Los pulpos tienen ventosas en la parte interior de sus tentáculos. Dibújalas con círculos.

A las medusas les gusta nadar en direcciones distintas, así que haz que sus tentáculos se curven.

Solo necesitas un círculo y unas manchas para dibujar una medusa luna.

Algunas medusas son más mullidas que otras.

ORUGA

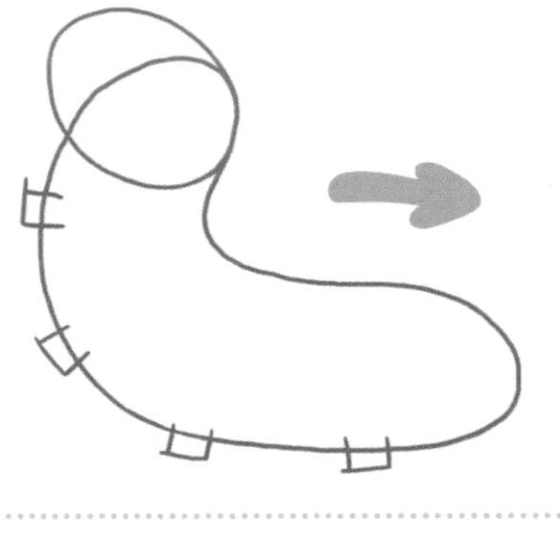

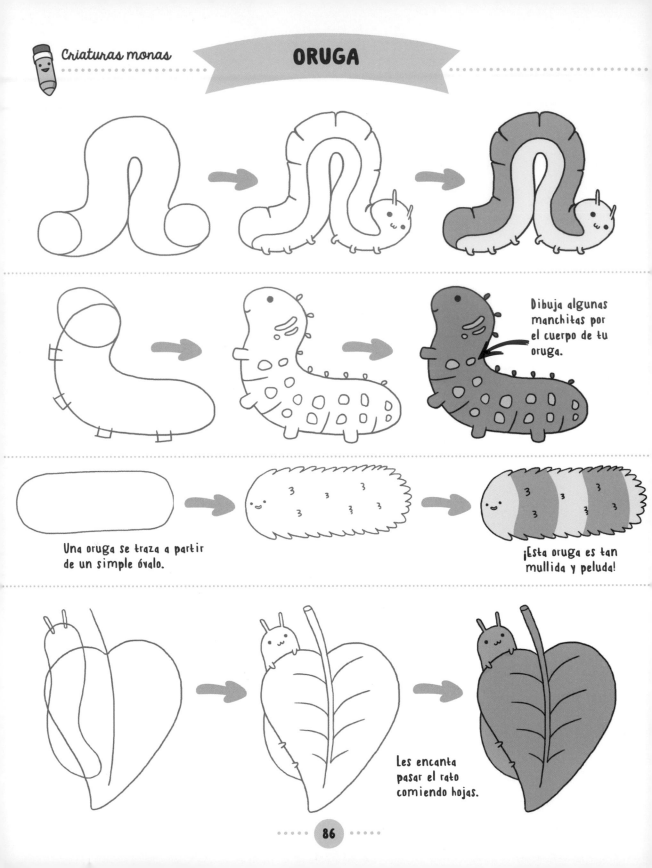

Dibuja algunas manchitas por el cuerpo de tu oruga.

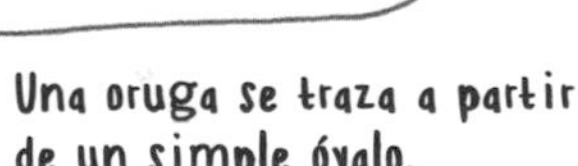

Una oruga se traza a partir de un simple óvalo.

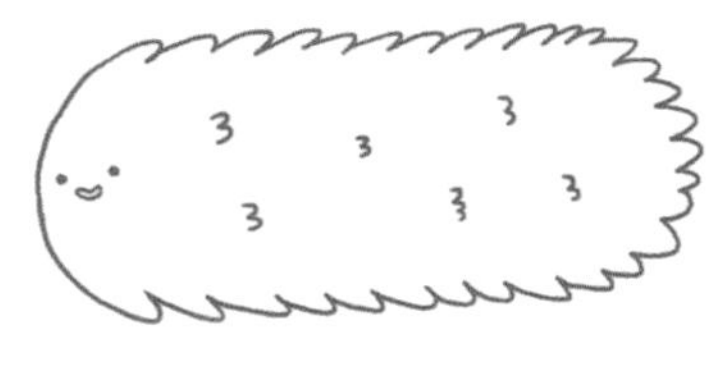

¡Esta oruga es tan mullida y peluda!

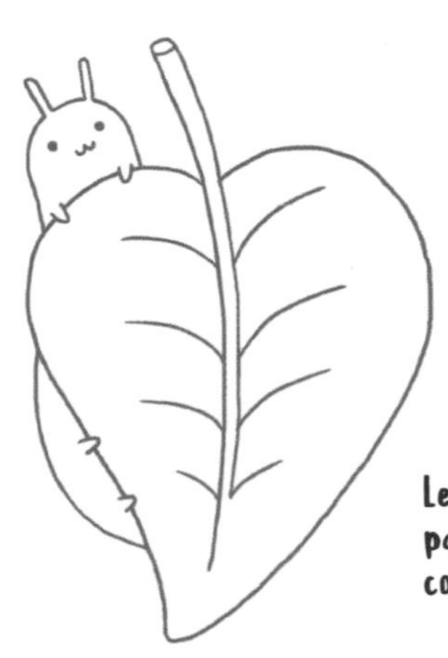

Les encanta pasar el rato comiendo hojas.

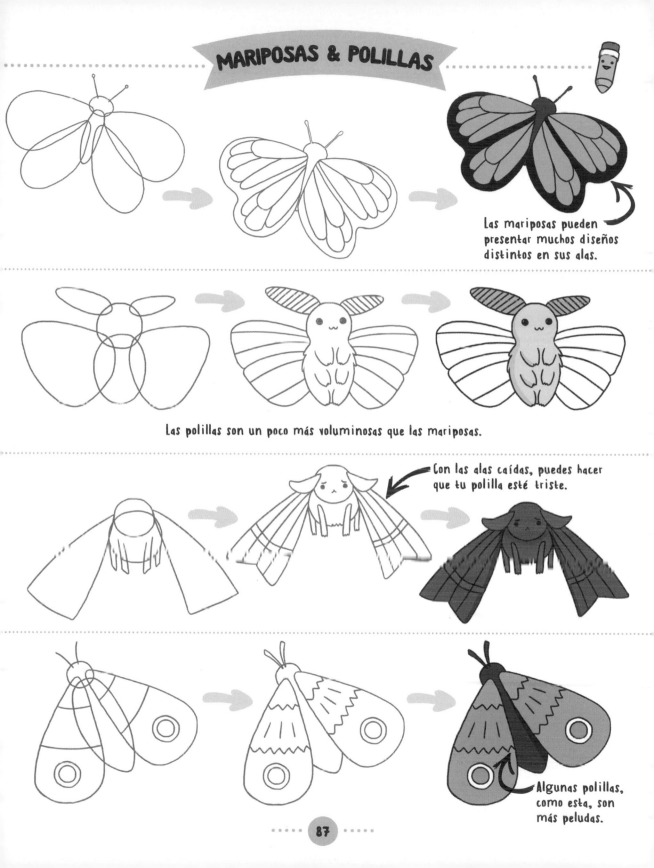

MARIPOSAS & POLILLAS

Las mariposas pueden presentar muchos diseños distintos en sus alas.

Las polillas son un poco más voluminosas que las mariposas.

Con las alas caídas, puedes hacer que tu polilla esté triste.

Algunas polillas, como esta, son más peludas.

SALTAMONTES

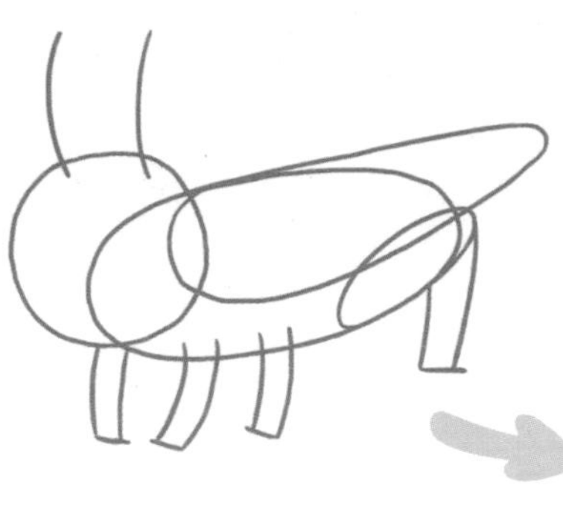

Los saltamontes pueden saltar y volar.

Dibuja líneas en sus alas para que parezca que se está moviendo.

La mantis tiene una cabeza triangular.

MARIQUITA

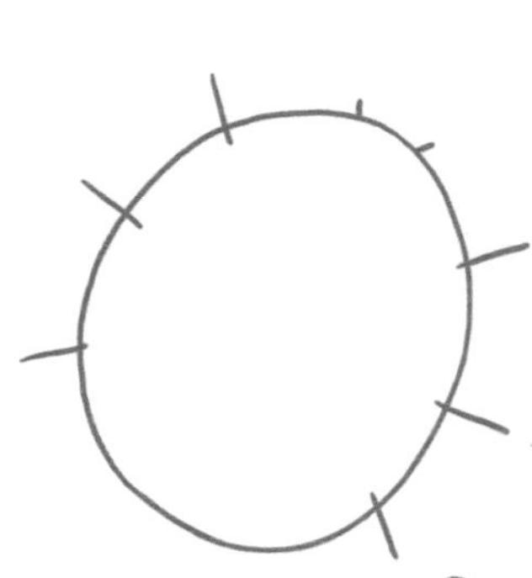

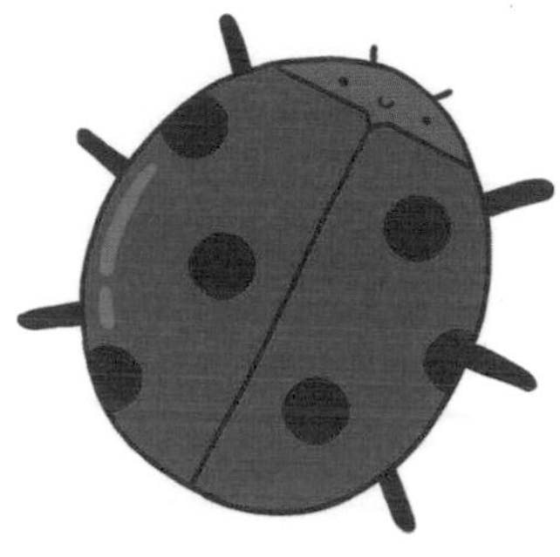

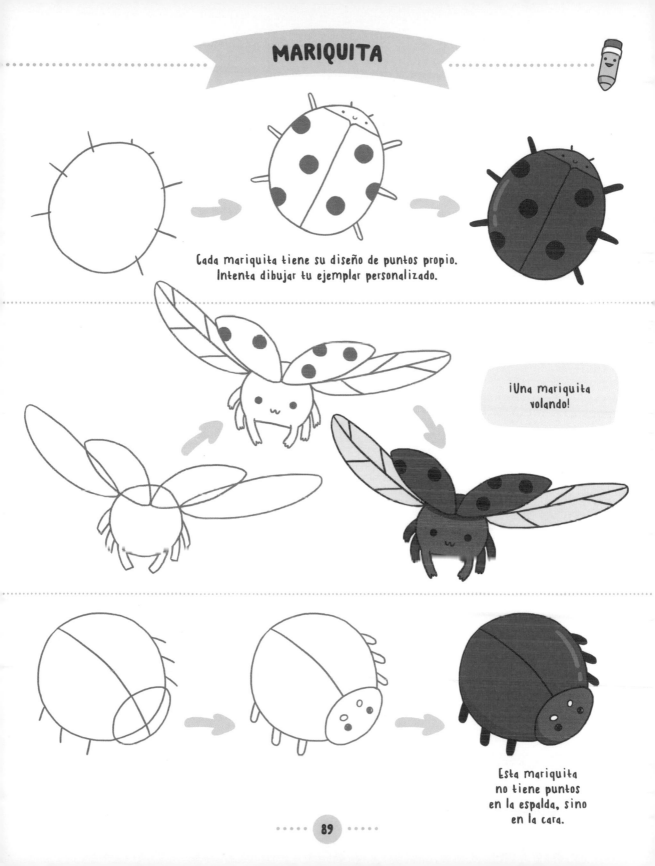

Cada mariquita tiene su diseño de puntos propio.
Intenta dibujar tu ejemplar personalizado.

¡Una mariquita volando!

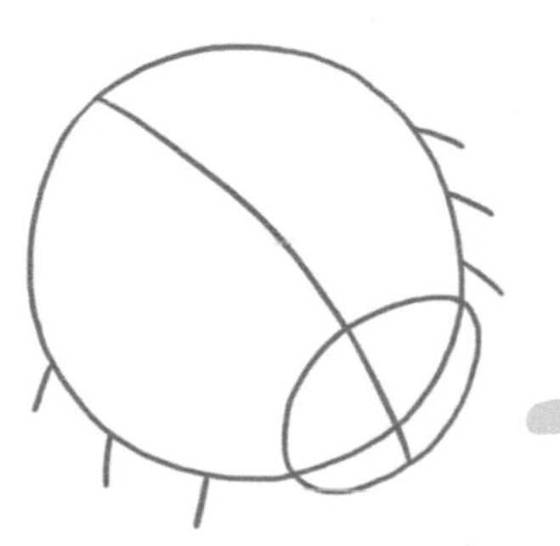

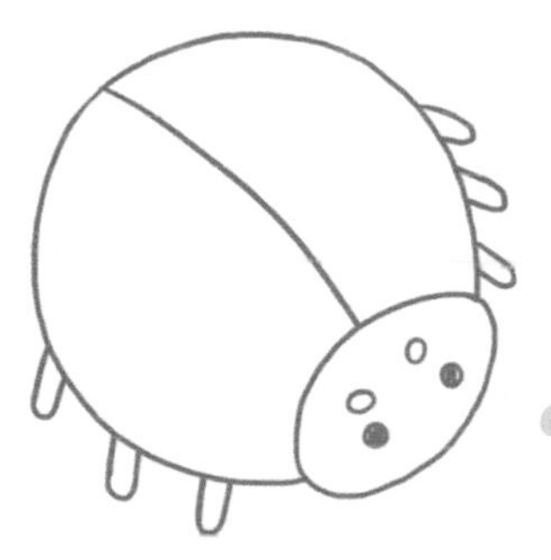

Esta mariquita no tiene puntos en la espalda, sino en la cara.

ABEJA

Las abejas tienen el cuello velloso.

Puedes dibujar un aguijón en tu
abeja para que parezca más feroz.

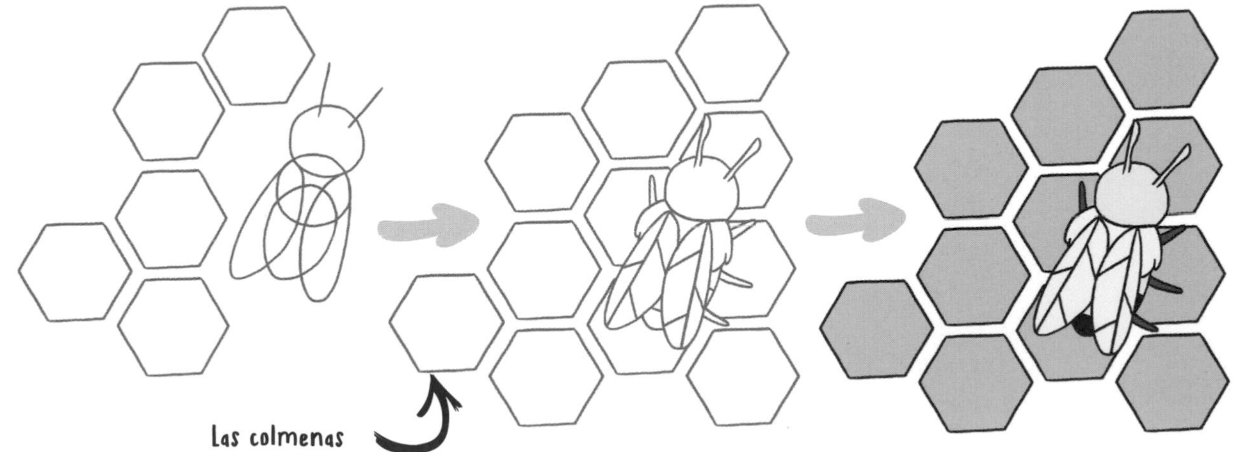
Las colmenas
son un conjunto
de hexágonos
conectados.

OTROS INSECTOS

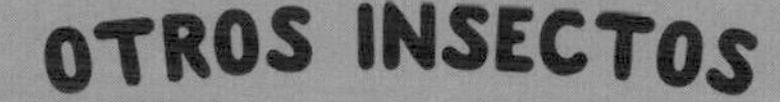

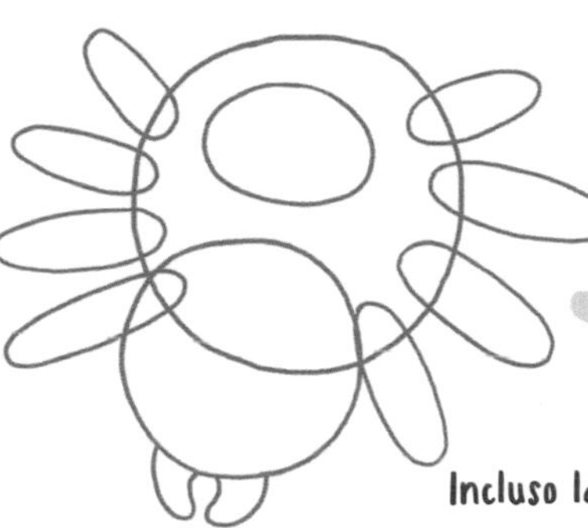

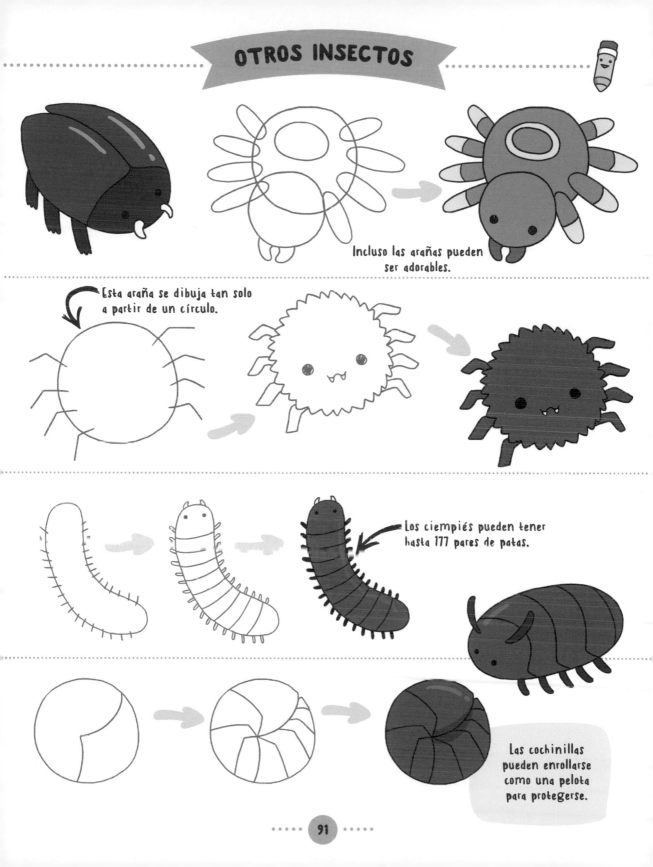

Incluso las arañas pueden ser adorables.

Esta araña se dibuja tan solo a partir de un círculo.

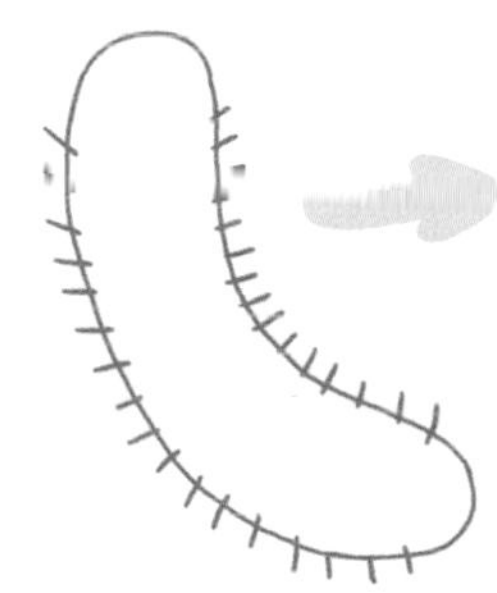

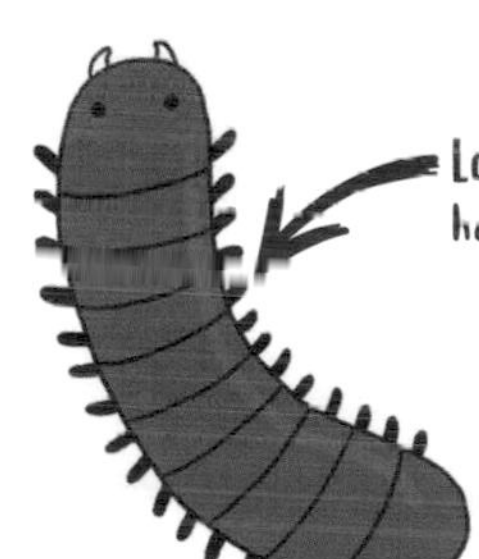

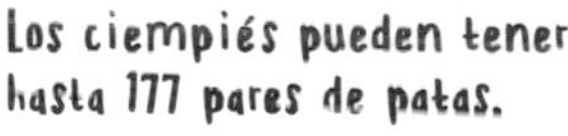

Los ciempiés pueden tener hasta 177 pares de patas.

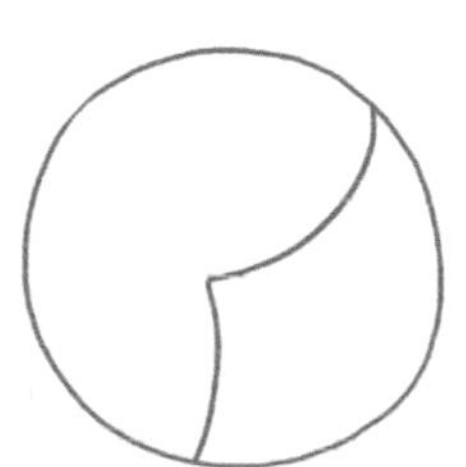

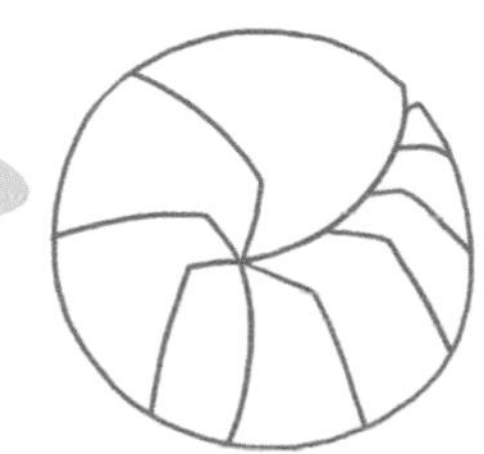

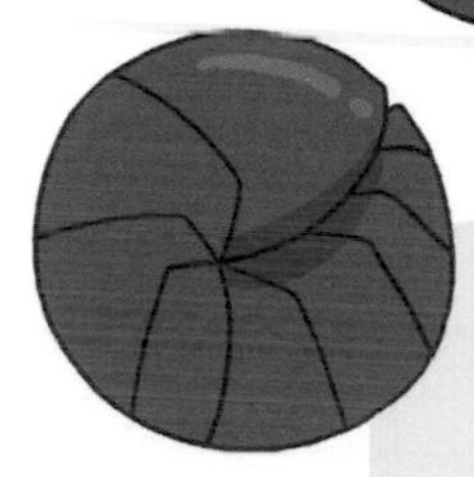

Las cochinillas pueden enrollarse como una pelota para protegerse.

DRAGÓN

Los dragones son réptiles gigantes que escupen fuego.

Un dragón a cuatro patas.

También puedes dibujar a tu dragón en pie.

Los dragones se acurrucan cuando están durmiendo.

Algunos dragones tienen dos cabezas.
Añade pinchos a lo largo de la espina dorsal de tu dragón.
Un dragón sin alas ni patas es una serpiente.

UNICORNIO & PEGASO

Un unicornio es un caballo con un cuerno.

Pegaso es un caballo con alas.

Abre las alas de tu Pegaso para que pueda volar.

AVE FÉNIX

Los fénix tienen largas y bonitas colas.

El truco para que tu fénix tenga un aspecto distinto al de un pájaro normal es añadirle plumas onduladas.

Añade cejas a tu fénix para que parezca más valiente.

MONSTRUO DEL LAGO NESS

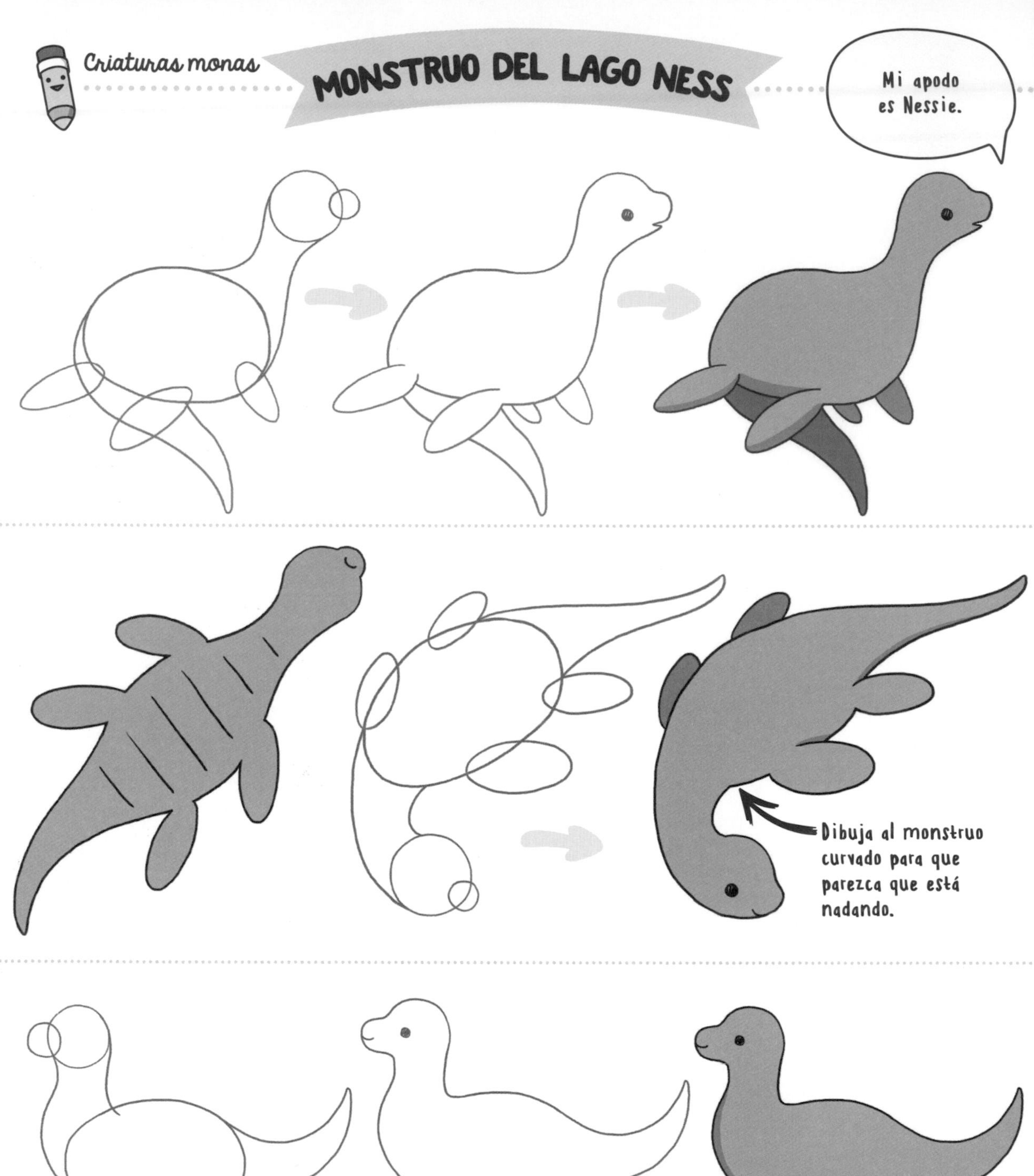

Dibuja unas grandes aletas para esta poderosa bestia.

HOMBRE LOBO

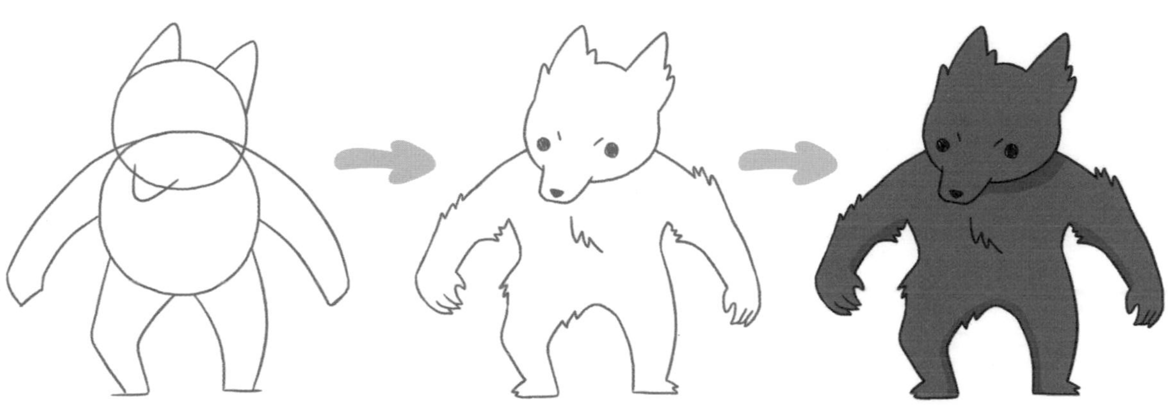

A los hombres lobo les gusta aullar.
Dibuja a tu hombre lobo en una postura de acción.

Los hombres lobo son humanos que se transforman en lobos.

Capítulo cuatro

COSAS MONAS

¡Todo puede ser adorable! Este capítulo se centra en los objetos inanimados, desde sillas hasta utensilios de cocina. ¡Todo esto y mucho más!

EDIFICIOS

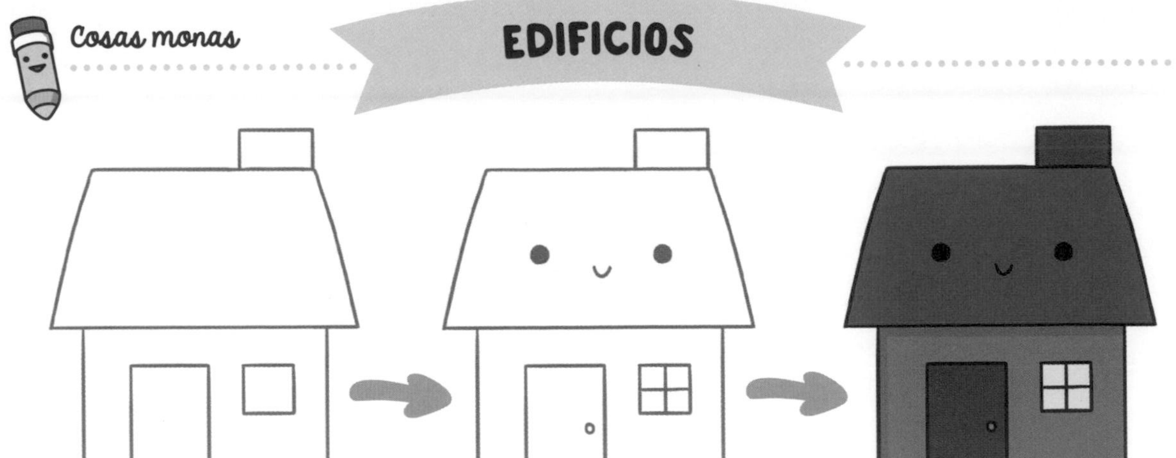

Mira lo mona que puede quedar tu casa si le añades una carita.

Dibuja un establo para tus animales de granja.

Dibuja una cabaña trazando muchos troncos apilados.

Las catedrales son edificios enormes.

Un invernadero es un lugar donde puedes cultivar tus plantas.

Un iglú es muy fácil de dibujar: tan solo traza un semicírculo.

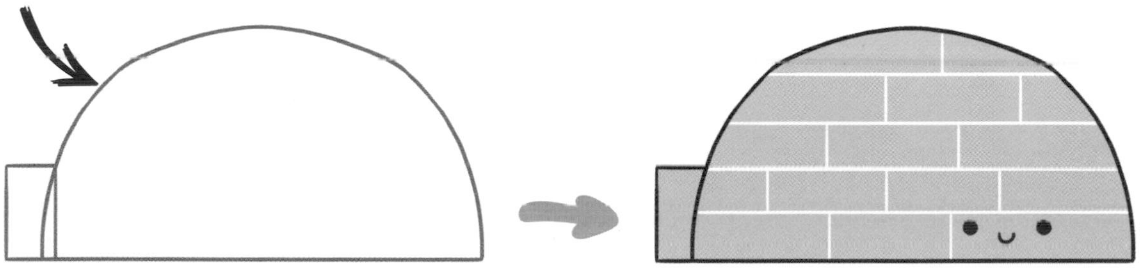

RASCACIELOS

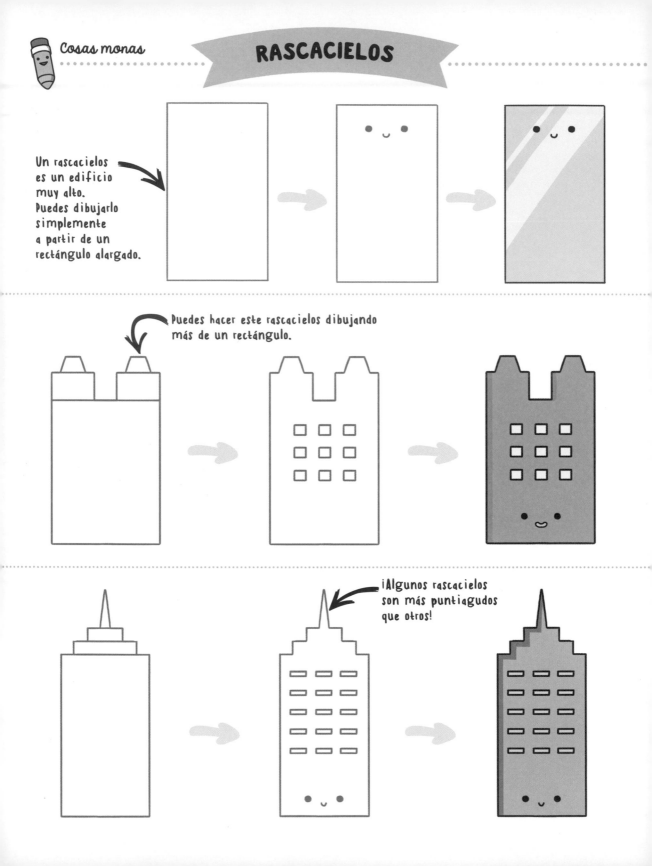

Un rascacielos es un edificio muy alto. Puedes dibujarlo simplemente a partir de un rectángulo alargado.

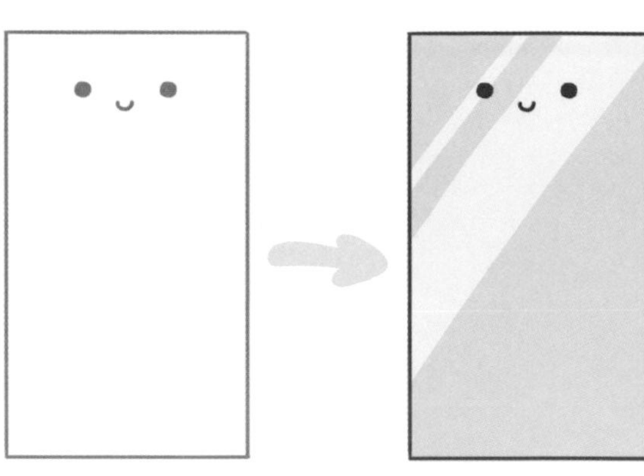

Puedes hacer este rascacielos dibujando más de un rectángulo.

¡Algunos rascacielos son más puntiagudos que otros!

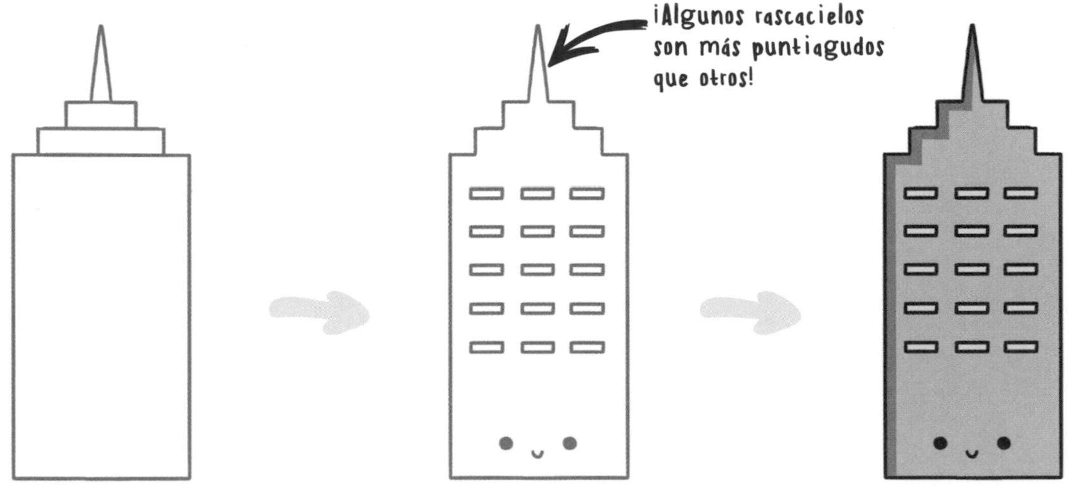

TIENDAS & CARPAS

Las tiendas de campaña son divertidas para acampar al aire libre ¡o en el interior!

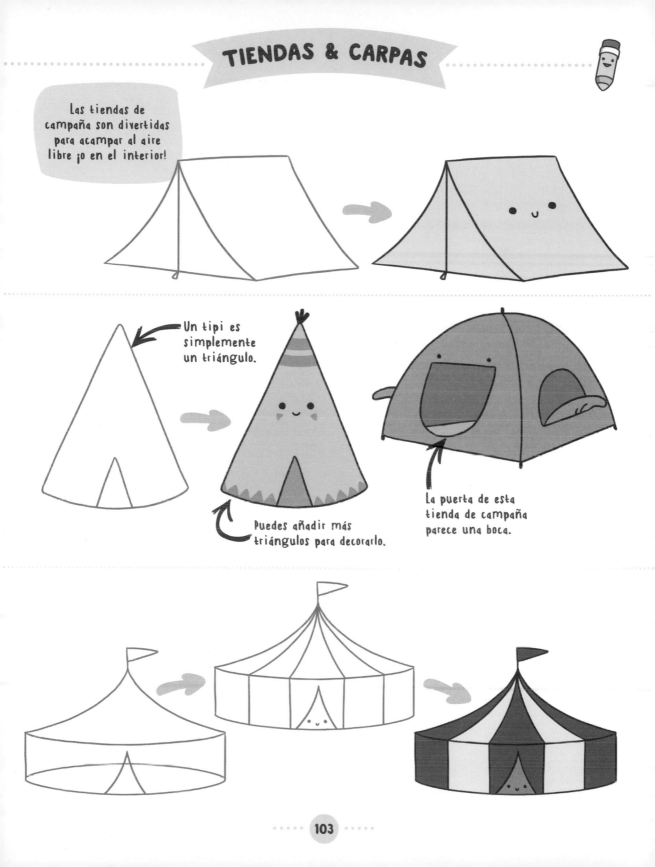

Un tipi es simplemente un triángulo.

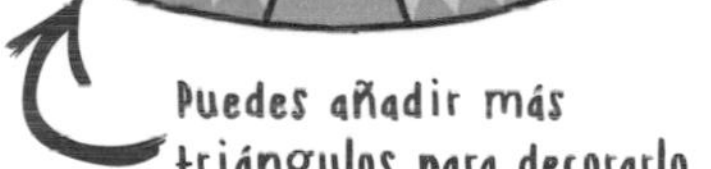

Puedes añadir más triángulos para decorarlo.

La puerta de esta tienda de campaña parece una boca.

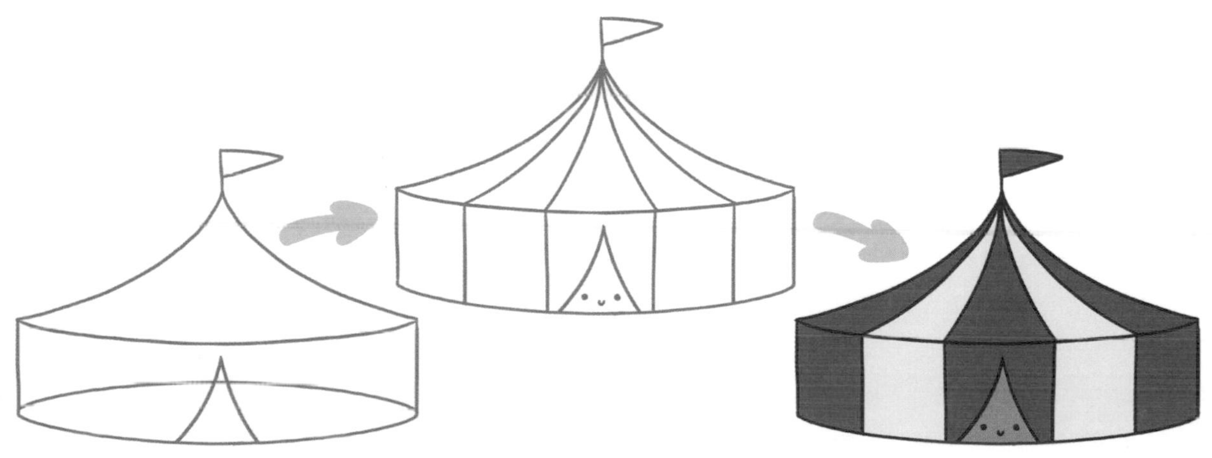

SILLAS

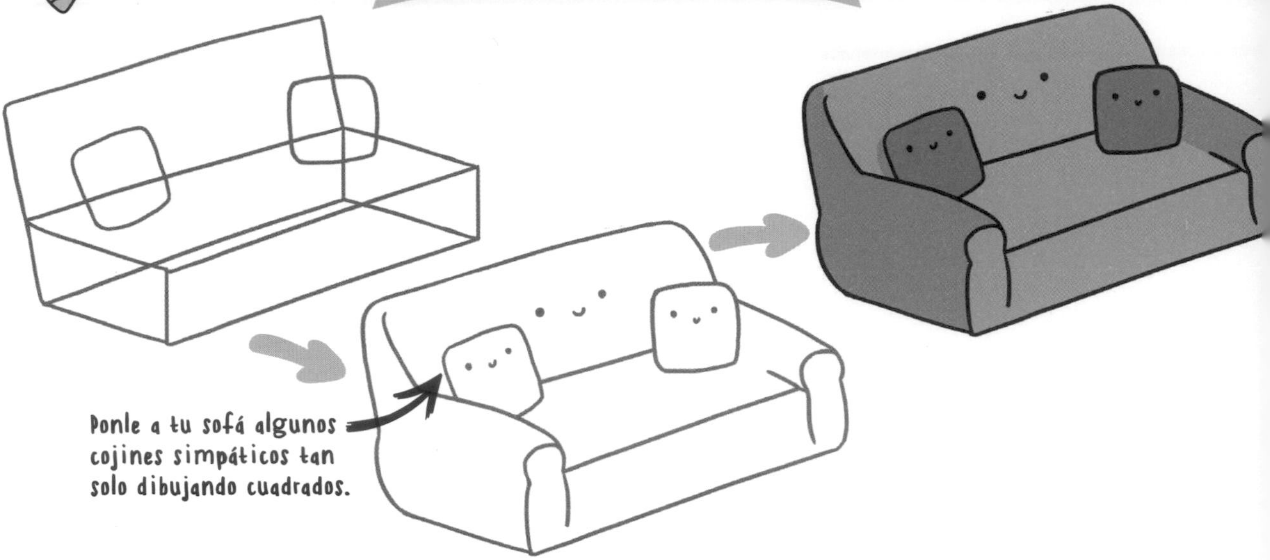

Ponle a tu sofá algunos cojines simpáticos tan solo dibujando cuadrados.

Un sillón es como un sofá cortado por la mitad.

Dibuja una base curva para que pueda balancearse.

MESAS

Puedes conseguir una mesa más sofisticada añadiendo decoración.

Las mesas pueden tener caras tanto en la parte superior como en la parte lateral.

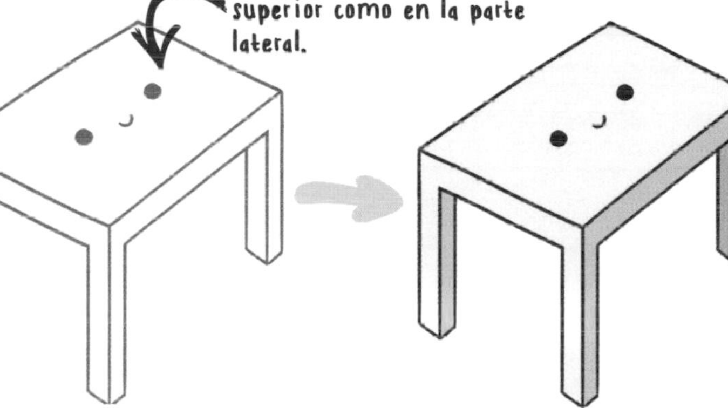

La cara de esta mesa está en el lateral.

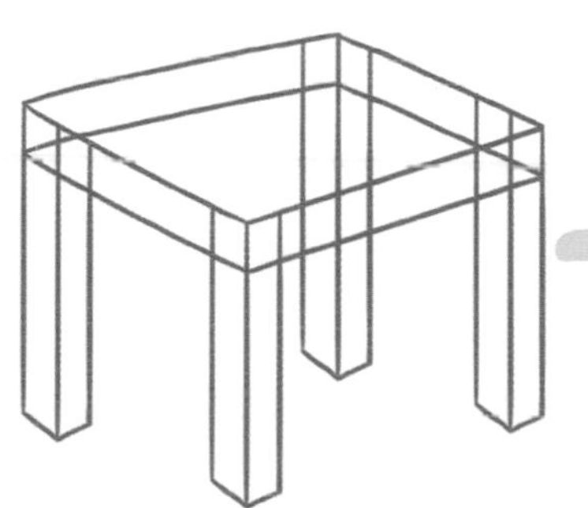

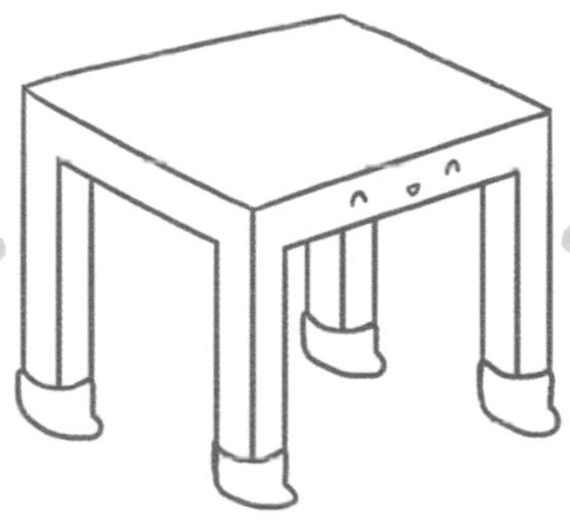

Añade accesorios a tu mesa y ganará en personalidad.

UTENSILIOS DE COCINA

Muchos utensilios de cocina tienen mangos largos.

¡Oh, no! ¡Me derrito!

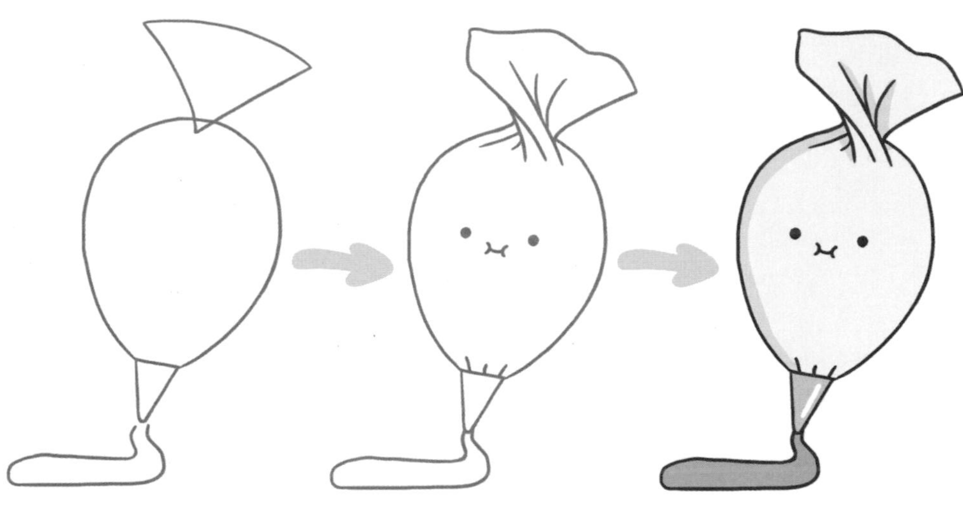

Cuanto más llena esté la bolsa, más glaseado contendrá.

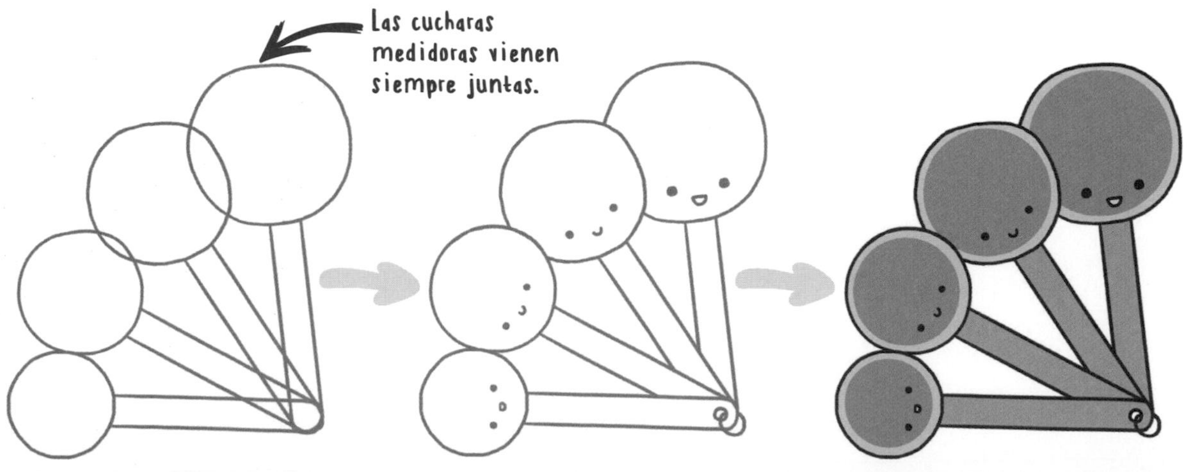
Las cucharas medidoras vienen siempre juntas.

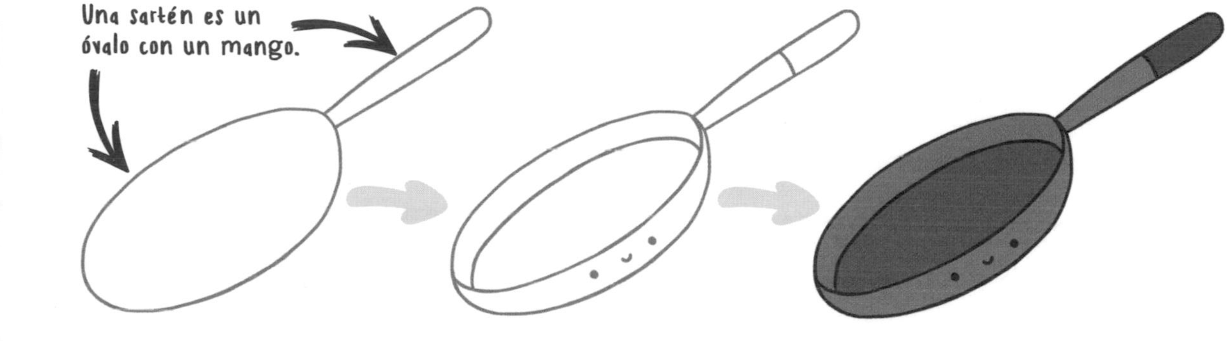

Una sartén es un óvalo con un mango.

Dibuja el rodillo de amasar a partir de un largo cilindro con brazos.

La sal y la pimienta son como las mejores amigas.

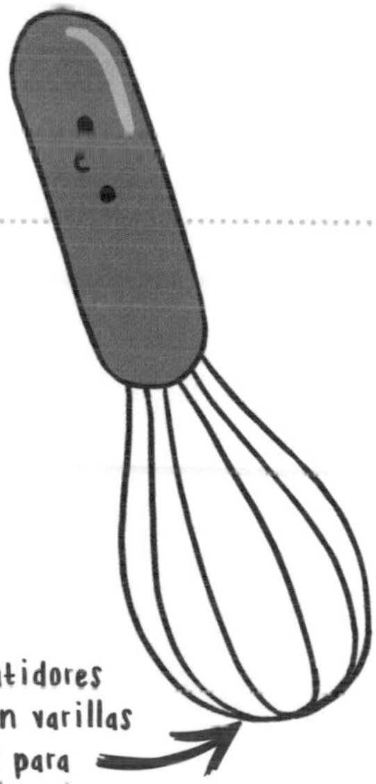

Los batidores tienen varillas finas para mezclar bien los huevos.

VEHÍCULOS

¡Brrrum,
brrrum!

Esto es el perfil de un coche.

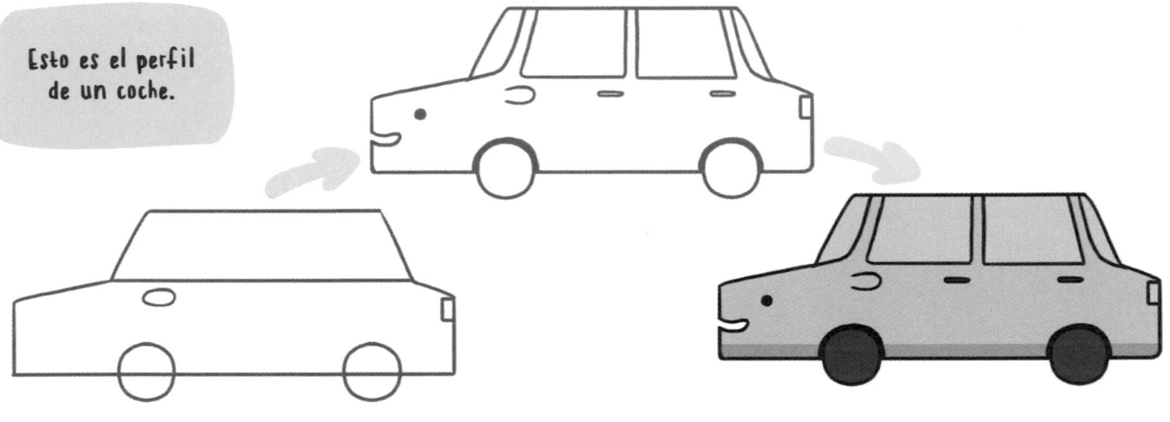

Puedes dibujar una carita en la ventana frontal de los vehículos.

Los camiones tienen más espacio en la parte posterior. Puedes dibujar algo que puedan transportar.

Solo necesitas dibujar dos ruedas para tener una motocicleta.

Hay muchas maneras de personificar un vehículo. El cañón de este tanque es su nariz.

VEHÍCULOS AÉREOS

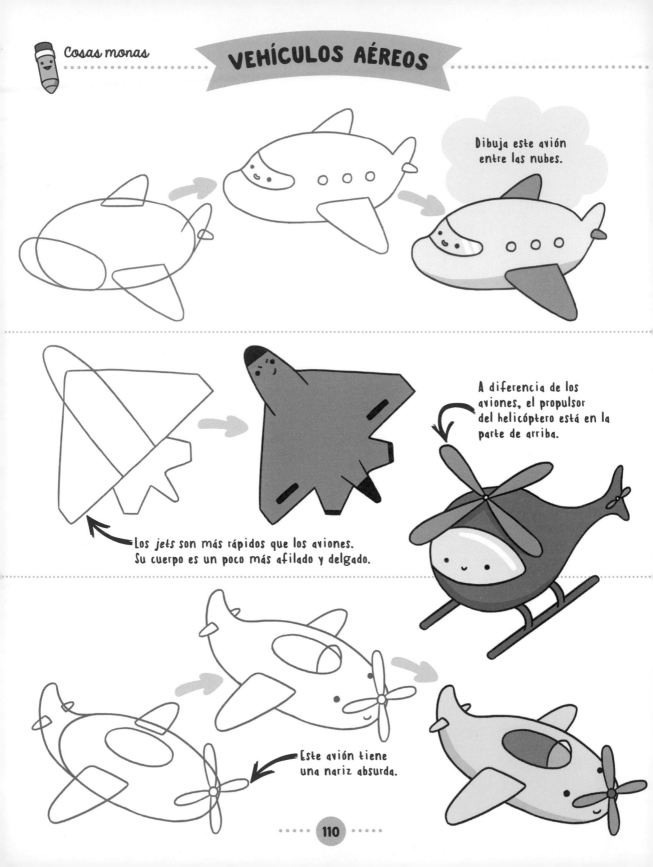

Dibuja este avión entre las nubes.

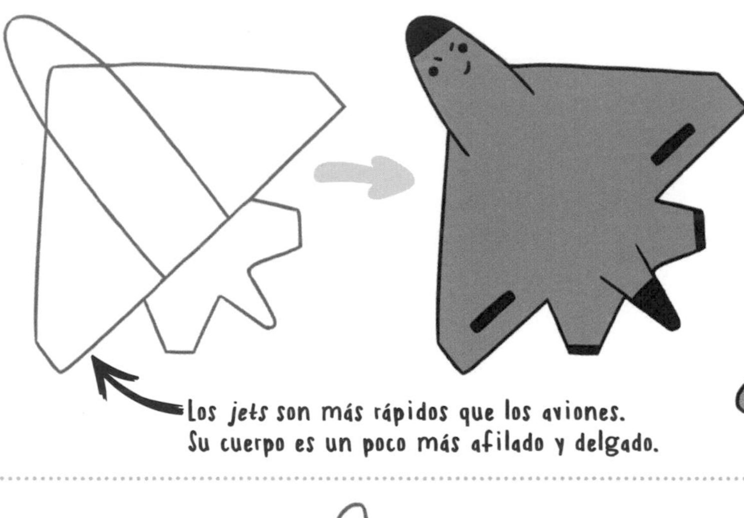

Los *jets* son más rápidos que los aviones. Su cuerpo es un poco más afilado y delgado.

A diferencia de los aviones, el propulsor del helicóptero está en la parte de arriba.

Este avión tiene una nariz absurda.

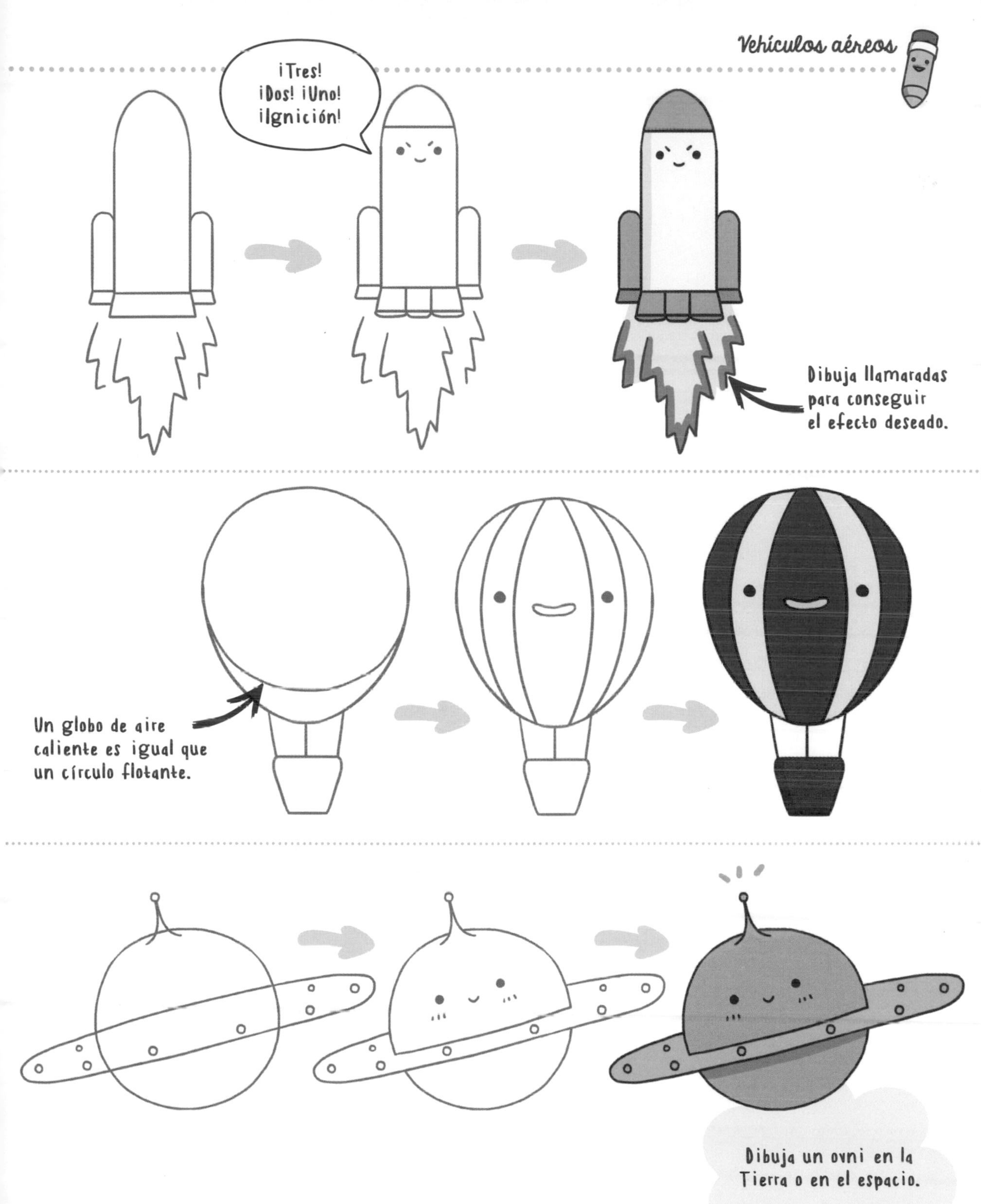
¡Tres!
¡Dos! ¡Uno!
¡Ignición!
Dibuja llamaradas para conseguir el efecto deseado.
Un globo de aire caliente es igual que un círculo flotante.
Dibuja un ovni en la Tierra o en el espacio.

VEHÍCULOS ACUÁTICOS

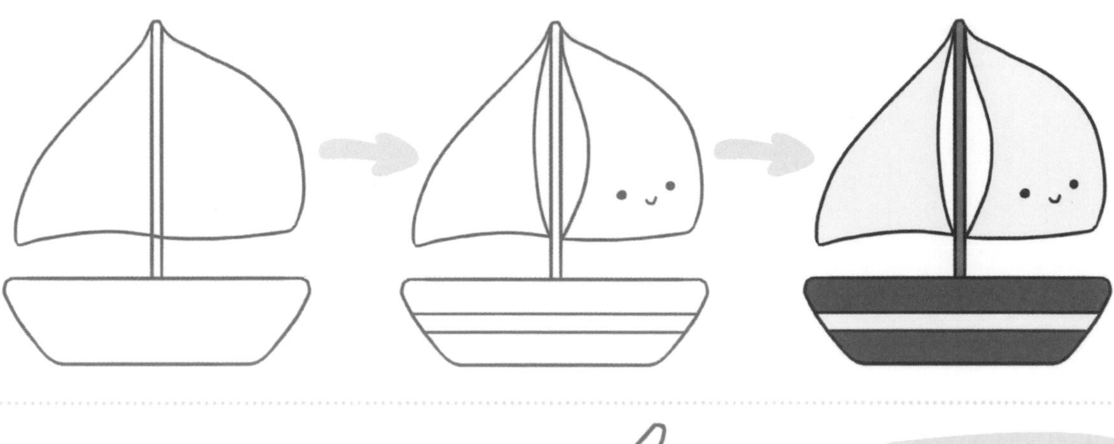

¡Un crucero es un barco gigante! Puedes dibujar un pequeño bote para compararlos.

Agrega este submarino a tus dibujos subacuáticos.

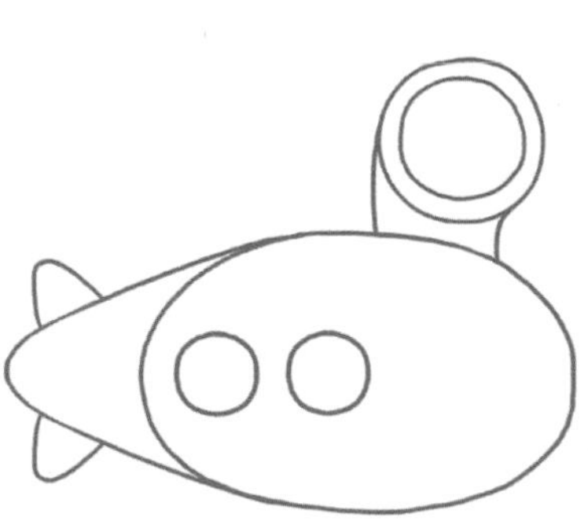

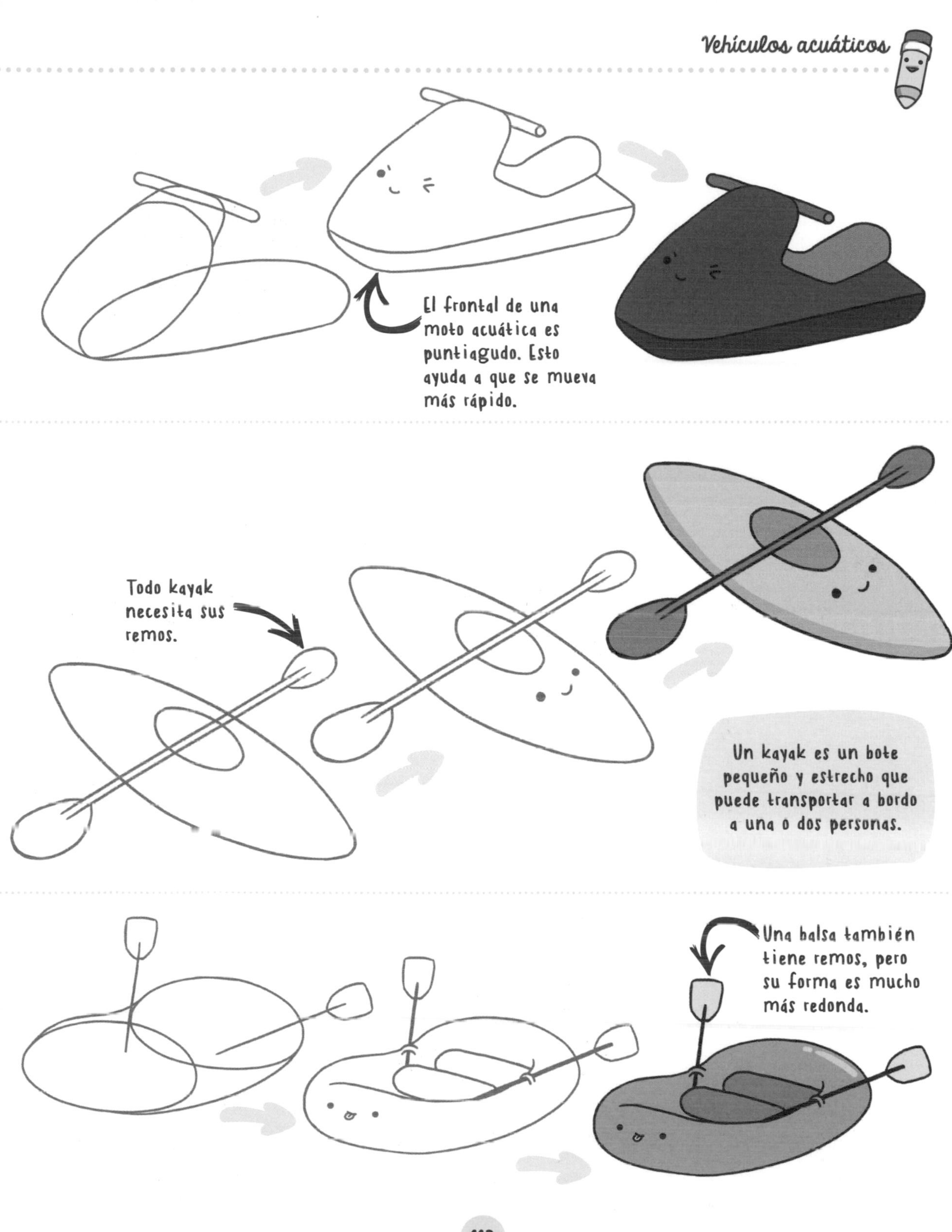
El frontal de una moto acuática es puntiagudo. Esto ayuda a que se mueva más rápido.
Todo kayak necesita sus remos.
Un kayak es un bote pequeño y estrecho que puede transportar a bordo a una o dos personas.
Una balsa también tiene remos, pero su forma es mucho más redonda.

BOLES

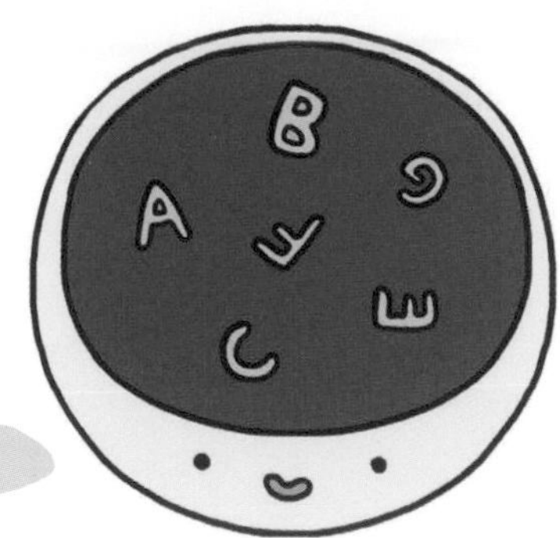

¡Sopa de letras! Intenta deletrear tu nombre en este bol.

Los *noodles* son como las manchas y estampados. Para dibujarlos, ve añadiendo líneas repetidamente.

Puedes dibujar los *noodles* como si fueran un peinado.

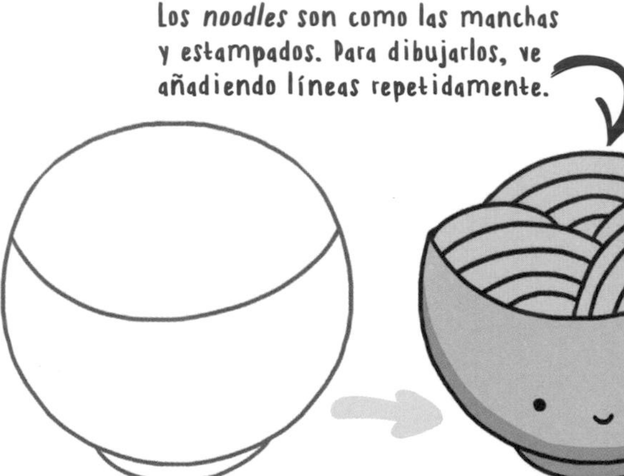

Llena tu ensalada de color añadiendo frutos secos y frutas.

En vez de dibujar una cara en el bol, prueba a dibujarla en la comida.

PAN

Las barras de pan pueden ser grandes o pequeñas.

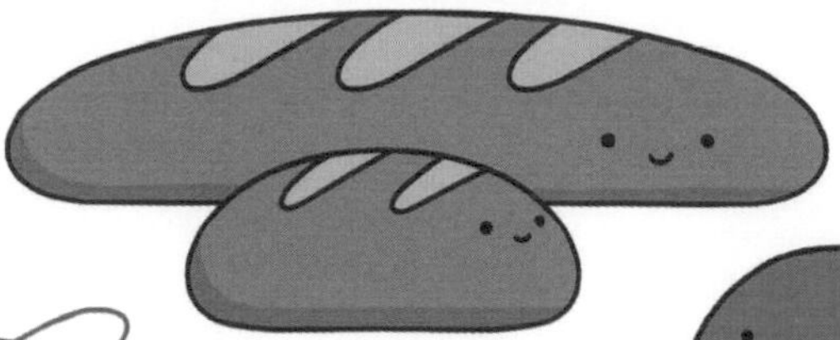

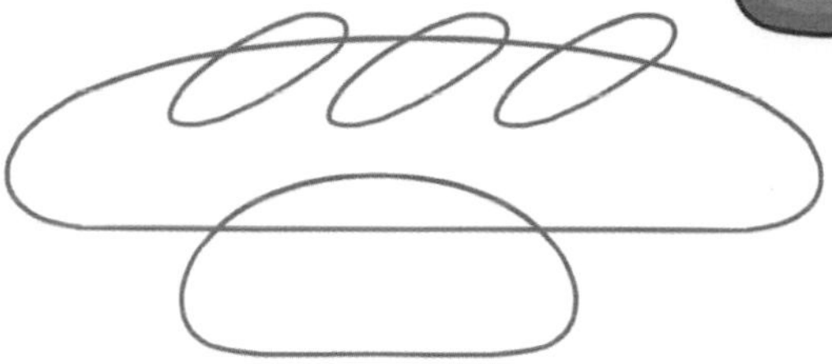

Estos panes redondos son como un montón de círculos.

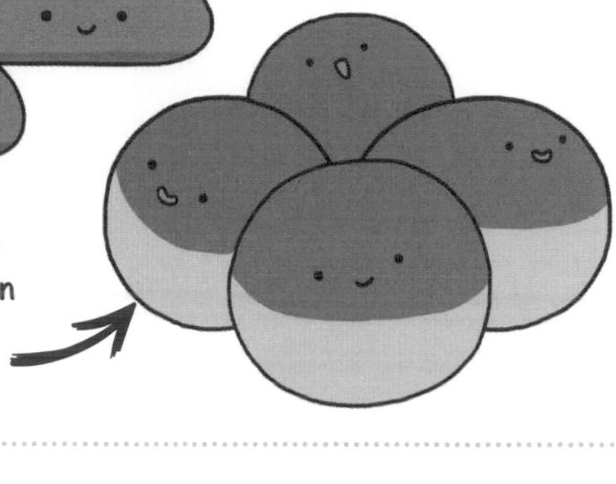

Dibuja un charco alrededor de la mantequilla para que parezca que está derritiéndose.

Normalmente, compramos barras de pan como esta.

ALGODÓN DE AZÚCAR

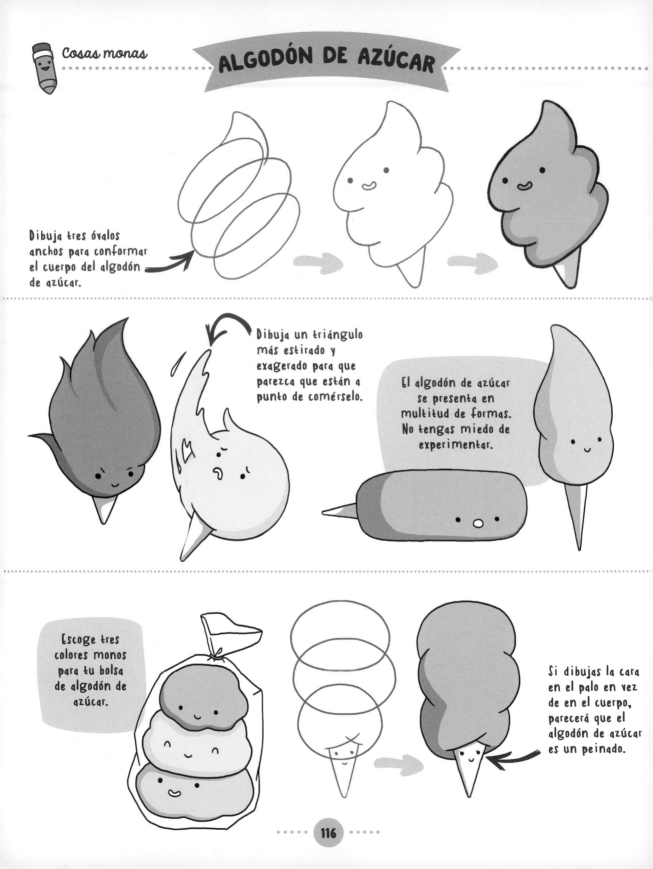

Dibuja tres óvalos anchos para conformar el cuerpo del algodón de azúcar.

Dibuja un triángulo más estirado y exagerado para que parezca que están a punto de comérselo.

El algodón de azúcar se presenta en multitud de formas. No tengas miedo de experimentar.

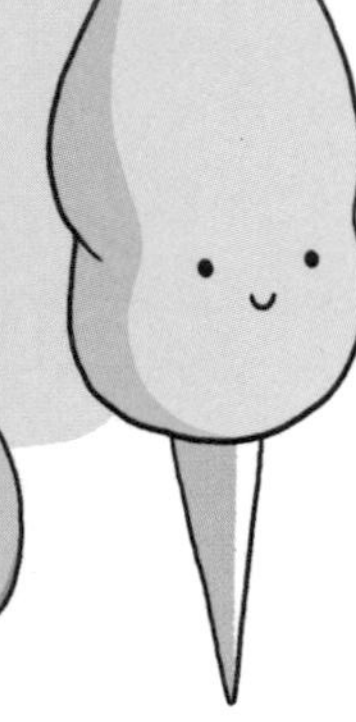

Escoge tres colores monos para tu bolsa de algodón de azúcar.

Si dibujas la cara en el palo en vez de en el cuerpo, parecerá que el algodón de azúcar es un peinado.

PIZZA

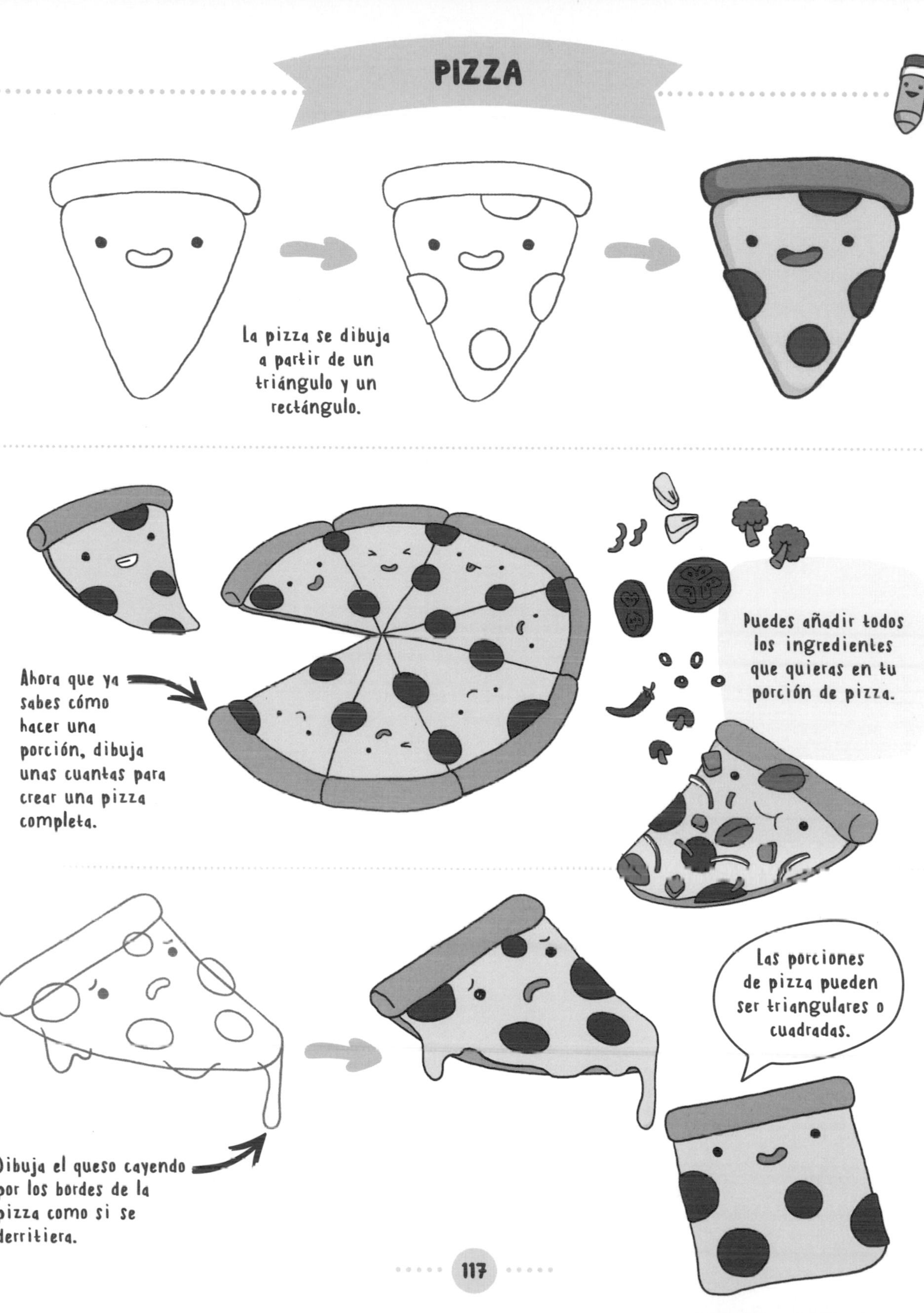
La pizza se dibuja a partir de un triángulo y un rectángulo.
Ahora que ya sabes cómo hacer una porción, dibuja unas cuantas para crear una pizza completa.
Puedes añadir todos los ingredientes que quieras en tu porción de pizza.
Las porciones de pizza pueden ser triangulares o cuadradas.
Dibuja el queso cayendo por los bordes de la pizza como si se derritiera.

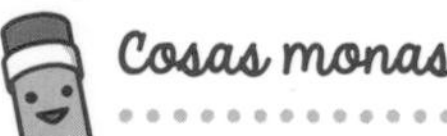

HAMBURGUESA

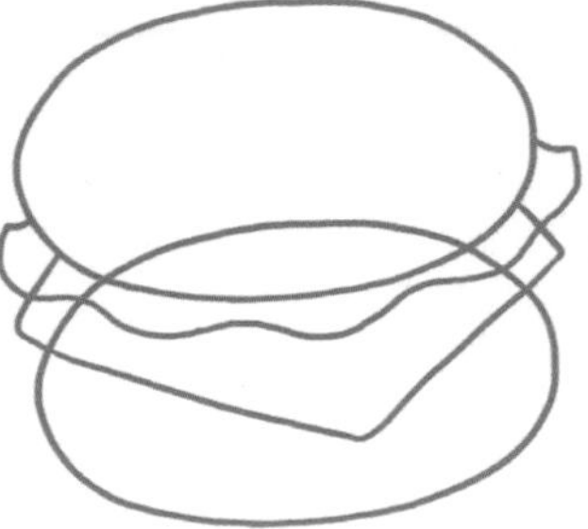

Una hamburguesa tiene muchos colores y sabores.

Dibuja un mordisco para que parezca que se la han comido.

Una hamburguesa tiene varias capas de ingredientes. Dibuja los que lleva normalmente la tuya.

Esta hamburguesa está abrazando a sus queridas amigas: las patatas fritas.

DULCES

Dibuja muchos cuadritos de chocolate y obtendrás una pandilla de dulces amigos.

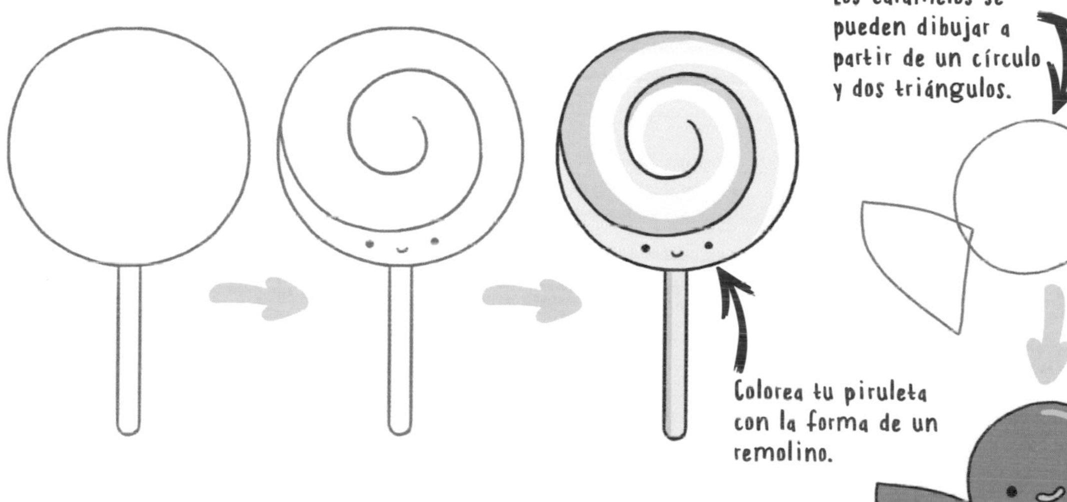

Los caramelos se pueden dibujar a partir de un círculo y dos triángulos.
Colorea tu piruleta con la forma de un remolino.

El cono de caramelo se suele comer en Halloween, pero a mí me encanta comerlo cuando sea.

En las gominolas, añade pequeños puntos blancos para representar el azúcar.

POSTRES

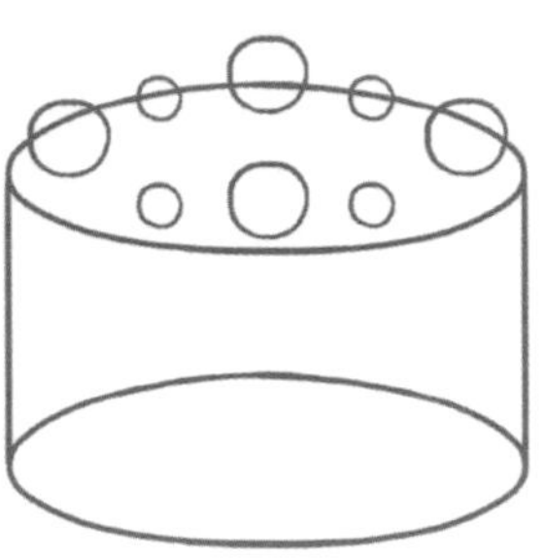

Si te apetece, añade más glaseado y fruta en la parte superior o lateral de tu pastel.

Dibuja bolas de helado amontonadas una encima de la otra y así se harán amigas.

Las rosquillas vienen con todo tipo de coberturas. Normalmente, yo las dibujo con granitos de azúcar por encima.

Dibujar unas pequeñas manos en la magdalena hace que parezca que se está asomando.

Ponle a tu tarta una cara de sorpresa justo antes de que se la coman.
Este cucurucho tiene un arremolinado pelo de menta.
Los helados también se pueden servir en una copa.
Intenta añadir un relleno a este pastel.

FRUTAS

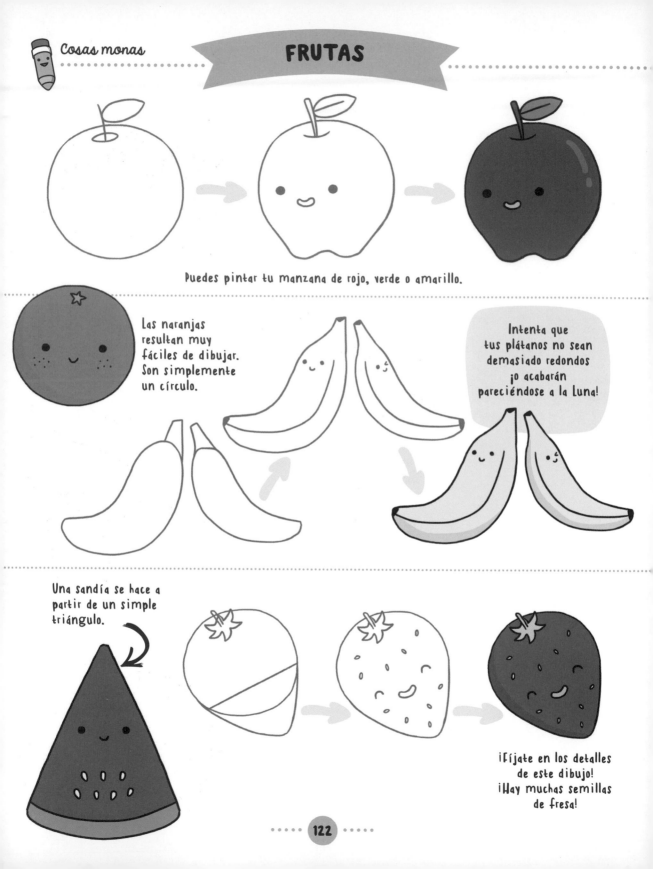

Puedes pintar tu manzana de rojo, verde o amarillo.

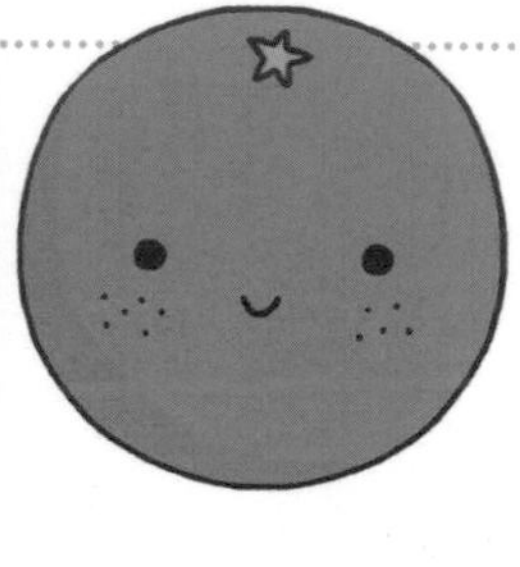

Las naranjas resultan muy fáciles de dibujar. Son simplemente un círculo.

Intenta que tus plátanos no sean demasiado redondos ¡o acabarán pareciéndose a la Luna!

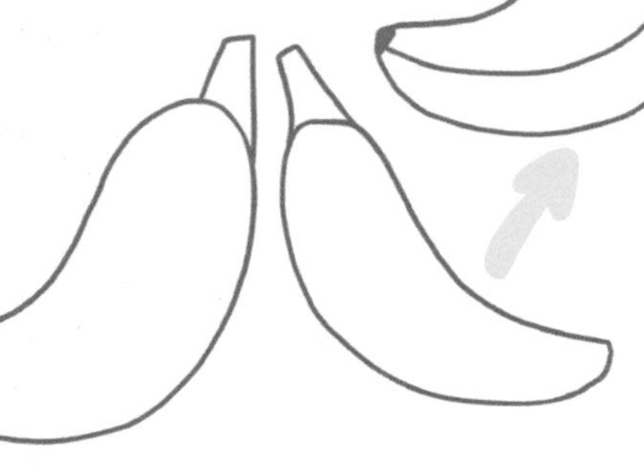

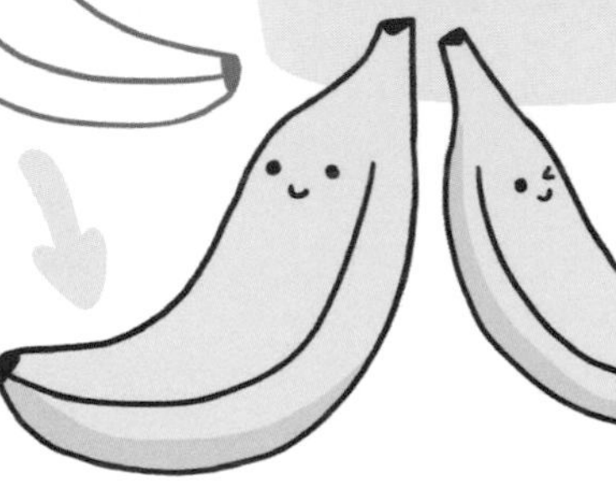

Una sandía se hace a partir de un simple triángulo.

¡Fíjate en los detalles de este dibujo! ¡Hay muchas semillas de fresa!

SUSHI

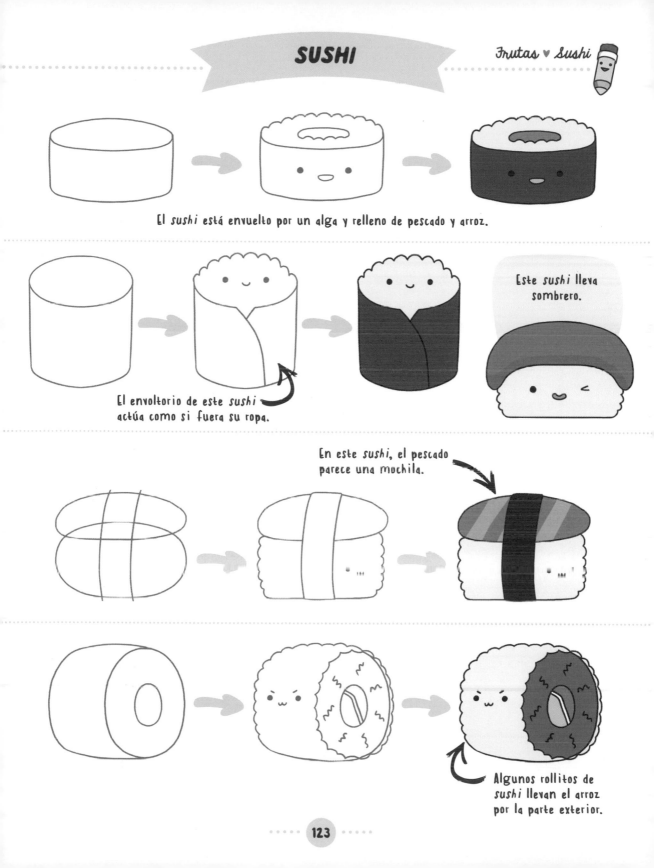

El *sushi* está envuelto por un alga y relleno de pescado y arroz.

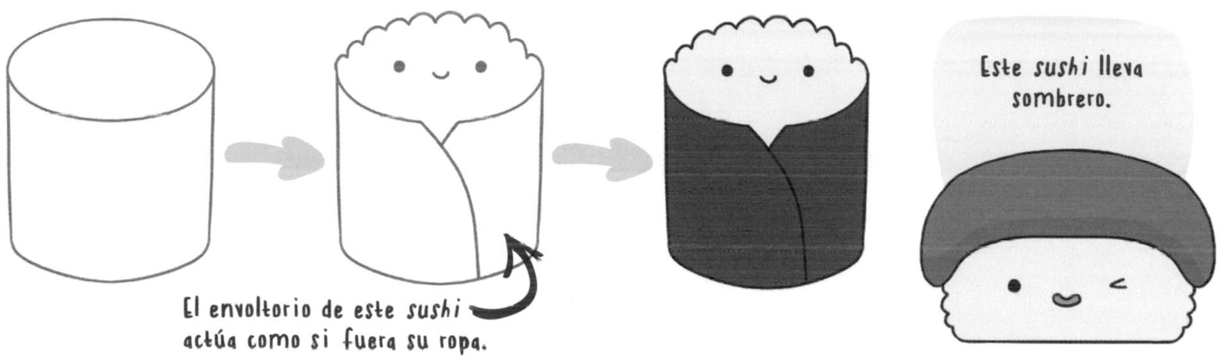

El envoltorio de este *sushi* actúa como si fuera su ropa.

En este *sushi*, el pescado parece una mochila.

Algunos rollitos de *sushi* llevan el arroz por la parte exterior.

FLORES

Un girasol consiste en hacer un círculo grande rodeado por pequeños semicírculos.

Los tulipanes se pueden dibujar a partir de un círculo y unos triángulos.

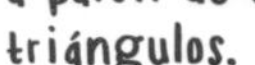

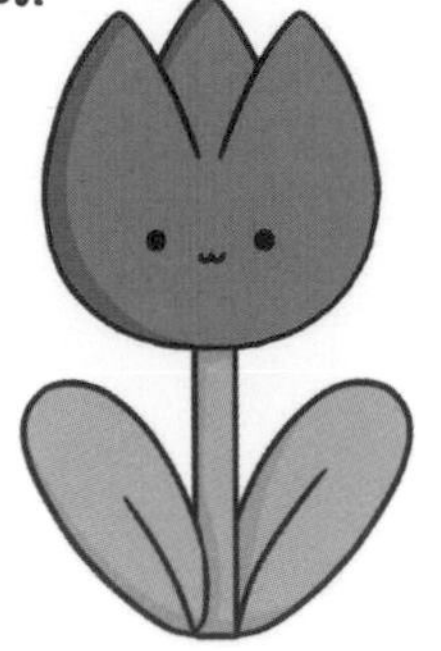

Hay una gran variedad de flores.
El lirio de agua tiene una forma interesante.

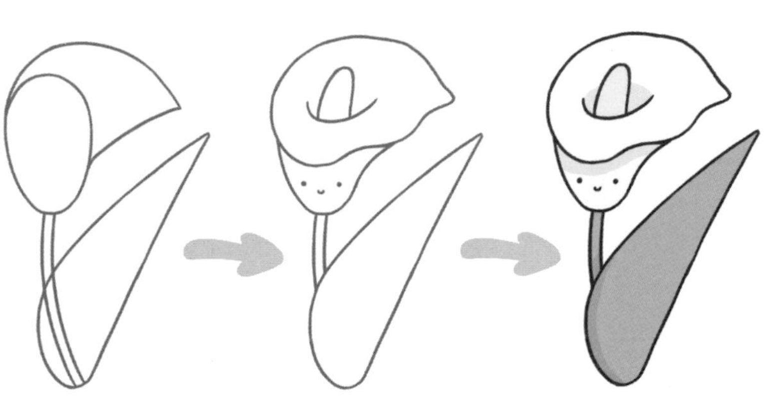

Dibuja varias flores juntas y obtendrás un ramo. Escoge distintos tipos de flores para que sea único.

La rosa es roja; la violeta, azul, ¡y esta flor la puedes dibujar tú!

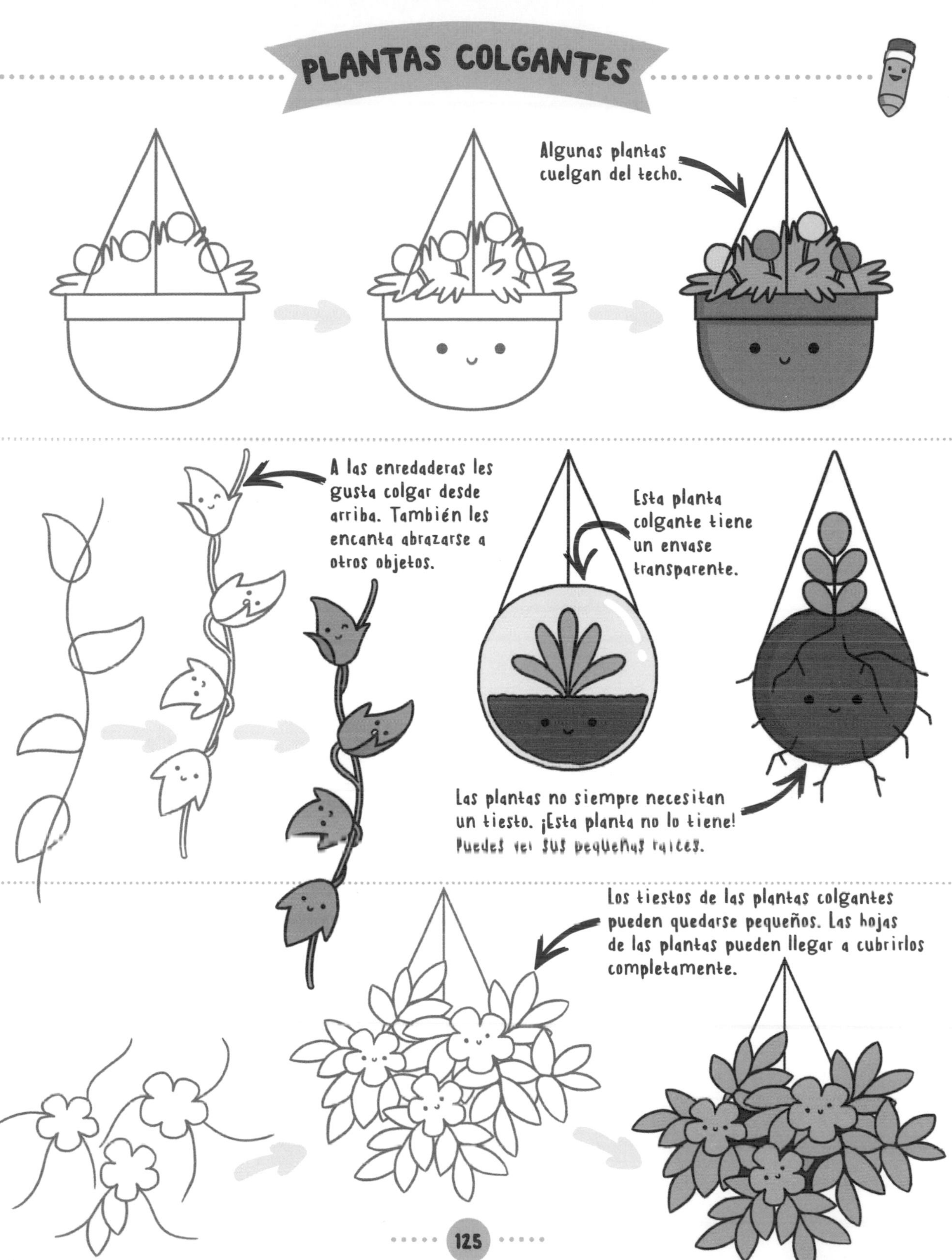
PLANTAS COLGANTES
Algunas plantas cuelgan del techo.
A las enredaderas les gusta colgar desde arriba. También les encanta abrazarse a otros objetos.
Esta planta colgante tiene un envase transparente.
Las plantas no siempre necesitan un tiesto. ¡Esta planta no lo tiene! Puedes ver sus pequeñas raíces.
Los tiestos de las plantas colgantes pueden quedarse pequeños. Las hojas de las plantas pueden llegar a cubrirlos completamente.

ÁRBOLES

Dibujar un árbol
es como dibujar
una piruleta peluda.
Simplemente, es un
círculo con un palo.
La forma y
el color que
elijas para tus árboles
pueden cambiar su
personalidad.

Sin sus hojas, un árbol es igual que este tronco. Los troncos no tienen nada de malo, pero para dibujar árboles es importante añadir hojas.

A este árbol
le cuelgan
las hojas.
Un pino es un gran
triángulo verde.
Si añades pequeñas líneas,
conseguirás que tu cactus
pinche.
Dibuja unas
gafas de sol
en esta palmera
y estará preparada
para irse de
vacaciones
inmediatamente.

AGRADECIMIENTOS

Quiero agradecer a Jenny, mi compañera de piso, que se haya hecho cargo de mí durante esta aventura. Gracias por dejarme usar a veces tu habitación como lugar de trabajo y recordarme que tenía que comer. Además, también le doy las gracias a mi hermana pequeña, Noodle, por ayudarme en la elección del color para las ilustraciones. Espero que fuera más diversión que trabajo.

CREDITS

Quarto desea agradecer a las siguiente agencias por haber proporcionado imágenes incluidas en este libro: **Wilkins, Phil**, pàg. 10; Shutterstock/Africa Studio, pág. 11t; Shutterstock/PhuShutter, pág. 11m; Shutterstock/s_oleg website, pág. 11b.

QUAR.DCUT

Editora: Kate Burkett
Editora de arte: Emma Clayton
Diseño: Karin Skanberg
Directora de arte: Caroline Guest
Directora creativa: Moira Clinch
Editora responsable: Samantha Warrington